Maître Sam

LES INTOUCHABLES
5, rue Sainte-Ursule
Québec (Québec)
G1R 4C7
Téléphone : 418 692-0377
Télécopieur : 418 692-0605
www.lesintouchables.com

DISTRIBUTION : PROLOGUE
1650, boul. Lionel-Bertrand
Boisbriand (Québec)
J7H 1N7
Téléphone : 450 434-0306
Télécopieur : 450 434-2627

Impression : Imprimerie HLN
Conception graphique : Paul Brunet
Illustration de la couverture : Polygone studio
Révision : Patricia Juste Amédée
Correction : Corinne De Vailly

Les Éditions des Intouchables bénéficient du soutien financier du gouvernement du Québec — Programme de crédit d'impôt pour l'édition de livres — Gestion SODEC et sont inscrites au Programme de subvention globale du Conseil des Arts du Canada.

Nous reconnaissons l'aide financière du gouvernement du Canada par l'entremise du Fonds du livre du Canada (FLC) pour nos activités d'édition.

Société de développement des entreprises culturelles Québec
Conseil des Arts du Canada Canada Council for the Arts

Dépôt légal : 2015
Bibliothèque et Archives nationales du Québec
Bibliothèque et Archives Canada

ISBN : 978-2-89549-744-8
978-2-89549-745-5 (ePUB)

Cristophe Bélair

MAÎTRE SAM

Terre d'Espoir

LES INTOUCHABLES

Une société qui soutient ses enfants est en état de croissance. Elle engendre l'espoir, la motivation et la créativité des personnes qui la composent.

— Dr Gilles JULIEN

À Carl Laliberté, mon ami d'enfance

Chapitre 1

Yveline Toussaint dormait mal depuis quelque temps. Ses nuits étaient agitées. Les rêves qu'elle faisait l'inquiétaient. Des rêves de terreur. Des rêves sombres et lugubres. Des rêves de destruction. Deux hommes qu'elle ne connaissait pas traquaient sans cesse Sam et ses amis. Tout cela ne laissait présager rien de bon. Dans sa chambre à coucher, la vieille dame faisait les cent pas. Elle venait de se réveiller en sursaut. Elle n'était pas parvenue à distinguer le visage de ces deux mécréants, à son grand désarroi. Mais les images qu'elle avait vues l'avaient bouleversée. Ils s'en étaient pris à Samuel dans la boutique de Salomon Bolivar. Après l'avoir malmené, ils l'avaient attaché, même bâillonné. Salomon avait tenté de lui venir en aide, mais il en avait été incapable. Il avait été assommé par un des hommes, le plus petit. Après avoir tout saccagé dans la boutique, ils avaient ouvert un bidon d'essence qu'ils avaient déversé sur le plancher. Yveline Toussaint s'était réveillée alors que les flammes ravageaient les lieux.

La vieille dame n'en pouvait plus. Jamais elle n'aurait dû initier les garçons au vaudou. Elle savait maintenant qu'ils étaient en danger. La dernière fois qu'elle les avait vus, elle leur avait fait promettre de cesser leurs activités. Mais elle avait des craintes. Elle n'était pas convaincue qu'ils respecteraient leur parole. Jo et Hilel étaient plus sages. Mais Sam avait un tempérament bouillant. Il ne tolérait pas les injustices. Et il était extrêmement doué. Sam était un maître. Yveline le savait. Mais il était trop jeune pour assumer un tel pouvoir. Les dangers auxquels il s'exposait étaient grands. Une telle maîtrise à un si jeune âge, c'était phénoménal.

La pauvre femme était dans tous ses états. Samuel connaîtrait-il une fin atroce dans la boutique de son ami Salomon ? Cette nuit-là, la prêtresse fut incapable de refermer les yeux. Elle s'enferma dans son temple, puis elle pria jusqu'à l'aurore. Elle avait le sentiment que les dieux l'avaient abandonnée. Continueraient-ils à protéger les garçons ? Il devait être 10 h quand elle décida de prendre sa voiture pour aller à Montréal. Elle ne pouvait plus garder tout cela pour elle. Il fallait qu'elle en parle à Salomon, son bon ami. Le marchand était en train d'ouvrir une boîte contenant des herbes qu'il venait de recevoir quand Yveline entra dans la boutique. Lorsqu'il la vit, l'homme fit un grand sourire. Il ne la voyait pas assez souvent à son goût. Ils avaient vécu tellement de choses ensemble. Les sorties d'Yveline étaient beaucoup moins fréquentes depuis la mort de Jean-Baptiste.

— Bonjour, Yveline ! Comment vas-tu ? Je viens de recevoir de nouvelles plantes, fit Salomon en brandissant un sachet. Je suis sûr qu'elles vont t'intéresser. Je t'en donnerai quelques échantillons. J'aimerais savoir comment tu les trouves.

— C'est gentil, Salomon, répondit la dame. Il faut que je te parle. C'est sérieux.

L'homme fronça les sourcils. Le ton dramatique que venait d'employer Yveline l'inquiéta.

— Rien de trop grave ? Tu n'es pas malade ?

— Non, la santé est bonne. C'est compliqué. Je crois avoir fait une bourde. Je m'en veux tellement !

— Explique-moi, Yveline, dit Salomon en posant une main réconfortante sur l'épaule de son amie.

— Mon neveu, Hilel, le fils de Jean.

— Oui, le petit athlète ! Toujours en train de courir partout !

— En fait, il n'est plus petit. C'est un homme aujourd'hui, ou presque. Il a seize ans. Il est extraordinaire. En octobre, l'année dernière, il est venu me voir avec deux de ses copains :

Samuel et Jonathan. Les garçons étaient désemparés. Un directeur retors leur faisait des misères. Ils voulaient que je les aide à fabriquer une poupée. Leur cause était noble. Ils voulaient soutenir une directrice d'école dans le besoin. J'étais tellement contente qu'on pense à moi. Vieillir, c'est apprendre à vivre avec la solitude. Ce n'est pas facile. Enfin, j'ai fabriqué la poupée, puis je leur ai permis d'ensorceler l'homme qui les embêtait. J'ai pensé que tout s'arrêterait là. Je me suis trompée. Trois mois plus tard, ils sont revenus. Ils voulaient que je les forme, que je leur enseigne tout mon savoir. Encore une fois, je n'ai pas pu résister. Cela me permettait de passer du temps avec mon petit-fils et ses amis. Je ne pensais pas qu'ils seraient aussi bons. Lorsqu'ils sont passés à l'action, la majorité des sorts qu'ils ont lancés ont fonctionné. Ils se sont attaqués à des individus très dangereux. Je le regrette tellement.

— Ne sois pas si dure envers toi, Yveline. Ton petit-fils est venu vers toi. Tes intentions étaient bonnes. Maintenant, tu dois leur dire d'arrêter. Les risques sont grands. Le pouvoir qu'ils viennent de découvrir peut les conduire à leur perte. Nous en savons quelque chose.

— Ce n'est pas tout, Salomon, poursuivit la dame en poussant un grand soupir. Mes nuits sont horribles…

— Tu as des prémonitions ?

— On les pourchasse sans cesse. On leur fait du mal. Il y a toujours du feu. Et je te vois souvent. Je pense que tu es aussi en danger.

— Moi ? Pourquoi le serais-je ? Il y a longtemps que je ne suis plus menaçant. Pourtant, parfois, ce n'est pas l'envie qui me manque.

— Hier soir, par exemple, je t'ai vu. Tu étais ici avec Sam, le plus doué des trois. Deux hommes, deux crapules, vous faisaient du mal. Tu étais sur le sol, immobile. Sam était attaché. Les hommes mettaient le feu à la boutique.

— Deux hommes ? As-tu vu leur visage ?

— Non. Je n'y arrive pas.

— C'est étrange. Dernièrement, j'ai eu la visite de deux individus. Les gens qui viennent ici, je les connais tous pour la plupart. Les nouveaux clients se font facilement remarquer. Ces deux-là étaient indiscrets. Je ne les aimais pas. Ils ne m'inspiraient pas confiance. Ils cherchaient des informations, comme s'ils menaient une enquête. Tu m'as dit que j'étais avec un des garçons ?

— Oui, tu étais avec Samuel. Salomon, ce jeune est trop talentueux. Je ne crois pas qu'il va tenir sa promesse. Il est habité par une telle énergie. Les injustices éveillent en lui une rage difficilement contrôlable. Je n'ai jamais vu quelqu'un d'aussi puissant.

— Samuel, tu dis ?

— Oui, Samuel Laliberté.

— Serait-il celui que les écrits annoncent ?

— Peut-être bien…

Sam déposa son crayon. Il venait de terminer le dernier d'une longue série d'examens. Il lâcha un profond soupir de soulagement. Enfin, les vacances étaient arrivées. Il comptait bien en profiter. Brigitte Daoust, surnommée « la Dame de fer », lui fit un sourire forcé quand il lui remit sa copie. Sam avait toujours eu de la difficulté à la cerner. Faisait-elle partie des professeurs qui l'avaient en aversion ? Ou de ceux qui admiraient sa fougue et son audace ? Vraiment difficile à dire. Cette femme était un mystère.

— Bonnes vacances, monsieur Laliberté. Ne faites pas trop de folies !

— J'en ferai seulement quelques-unes, madame Daoust. Je suis un adolescent, pas un sage.

— Dans ce cas, soyez prudent.

— Merci ! Et bon été !

Quand il sortit de l'école, Samuel desserra sa cravate. Pour les deux prochains mois, il pourrait porter les vêtements qu'il aimait. Mais Robert Labri lui rappela qu'il était encore dans l'enceinte de l'Académie François-Patenaude. Le directeur de la discipline, infatigable, veillait au grain, car il craignait que les jeunes s'enthousiasment un peu trop à la veille du congé estival. La volonté de Samuel de marquer la fin d'une année scolaire bien chargée ne passa pas inaperçu aux yeux de Labri.

— Monsieur Laliberté, un peu de tenue ! Resserrez votre cravate immédiatement !

— Monsieur Labri, je suis en vacances, répondit Samuel avec son plus beau sourire. L'école est finie ! Je range mon uniforme. J'espère que vous n'avez pas l'intention de nous obliger à porter la cravate pendant l'été…

— Je n'irai pas jusque-là, fit l'homme, exaspéré. Par contre, les parents devraient être plus vigilants. Les jeunes d'aujourd'hui ne savent plus s'habiller.

— Je serais curieux de vous voir en vacances ! Est-ce que je dois renouer ma cravate ?

— Est-ce que j'ai l'air de plaisanter ? Contrairement à vous, mon année scolaire n'est pas terminée. J'ai encore bien du travail à faire. Par exemple, j'ai beaucoup de dossiers à revoir. Le vôtre, entre autres. Si vous tenez mordicus à contrevenir aux règlements portant sur le code vestimentaire, je pourrais bien vous coller une retenue. J'aurais du travail assez astreignant pour vous.

— Monsieur Labri, vous m'avez convaincu ! Je porterai la cravate à votre façon. Je vous aime bien, mais je pense que j'ai besoin de prendre mes distances.

— Sage décision, monsieur Laliberté. Sur ces mots, je vous souhaite d'agréables vacances. Et tentez de prendre ce temps pour réfléchir.

— Réfléchir ?

— J'aimerais bien que vous preniez un peu de maturité. Cela fait quatre ans que vous contestez. Vous cherchez continuellement à rallier les autres à vos causes. Vous faites toujours les choses différemment. Vous criez à l'injustice. Pourquoi ne decideriez-vous pas de vous ranger ? Vous perdez un temps fou à tenter de remettre les choses en question. Nous étions là avant vous. Fiez-vous à notre expérience.

— Monsieur Labri, cet été, je compte m'amuser. Bien sûr, je vais réfléchir un peu. Mais mes réflexions n'iront pas dans votre sens. Je préfère être honnête avec vous.

— Êtes-vous en train de me dire que je dois me préparer à vivre une dernière année scolaire infernale en votre compagnie ?

— À quoi ressemblera ma dernière année à l'Acad' ? Je n'en ai aucune idée. Présentement, la seule certitude que j'ai, c'est que je suis en vacances ! Je vous souhaite un bon repos mérité, monsieur Labri.

Labri se contenta de hocher la tête. Les adolescents étaient de véritables casse-pieds. Mais, sur certains points, ils pouvaient avoir raison. Les jeunes savaient profiter de leurs vacances. « Je devrais en faire autant, se dit Labri. Oublier. Relaxer. » L'année scolaire avait été éprouvante. L'homme avait été surmené. Sa directrice avait contesté certaines décisions qu'il avait prises. S'il voulait être au sommet de sa forme au moment où les jeunes fringants reviendraient, il devait obligatoirement faire comme eux. Se reposer !

Samuel resserra sa cravate, puis il rejoignit ses amis, guilleret. Jo, Hilel, Lili et Audrey étaient sur le terrain de soccer. Comme Sam, ils avaient terminé leurs examens. Ils se lançaient un frisbee pour passer le temps.

— Hé ! Bonnes vacances ! hurla Samuel.

Les adolescents se firent des accolades. Ils étaient fiers de leurs accomplissements. Les professeurs ne les avaient pas lâchés. Par moments, ils avaient cru qu'ils n'y arriveraient pas. Les exigences étaient si élevées. On leur en demandait toujours plus. Mais leur détermination leur avait permis de réussir, de repousser leurs propres limites. Ces différentes épreuves leur avaient permis de grandir, de franchir une nouvelle étape. Tranquillement, les paroles de leurs parents commençaient à prendre du sens. « C'est dans cette école que vous apprendrez à relever les grands défis de demain. Les outils que vous êtes en train d'acquérir vous seront indispensables. Vous êtes les prochains meneurs. »

— On y est arrivés, fit Audrey. On peut être fiers de nous. Maintenant, profitons de nos vacances.

— Elles seront tout de même moins reposantes que les précédentes, précisa Hilel. Je vous rappelle que nous sommes attendus ici la semaine prochaine. Je ne sais pas si c'était une bonne idée de travailler cet été. Nous aurions pu passer les deux prochains mois à ne rien faire.

— Hilel, tu ne le regretteras pas ! Nous serons ensemble pendant quelques semaines, lui rappela Sam. Dans la nature. Avec des enfants !

En effet, Sam et ses amis avaient décidé qu'ils travailleraient durant une bonne partie de l'été. Au printemps, pendant la semaine de l'emploi à l'Acad', des entrepreneurs de la région étaient venus parler de leur passion aux élèves. François Rioux, le directeur de Terre d'Espoir, un camp d'été situé à Saint-Adolphe-d'Howard, avait fait une formidable présentation de son entreprise. L'enthousiasme du jeune entrepreneur avait séduit bien des jeunes de l'Acad'. Liza Marois, la directrice de l'Académie François-Patenaude, lui avait dit qu'il trouverait sans aucun doute parmi ses élèves une relève intéressante. En effet, François Rioux avait été impressionné par l'enthousiasme des jeunes qu'il avait rencontrés. Il en avait recruté quelques-uns, dont Sam, Jo, Hilel, Lili et Audrey. Leur premier vrai emploi.

Même s'ils se sentaient prêts à relever ce nouveau défi, ils avaient certaines appréhensions. Au moins, l'équipe de François Rioux les avait bien préparés. Ils avaient eu deux fins de semaine de formation. On leur avait enseigné différentes techniques d'animation. Les animateurs chargés de former les petits nouveaux n'avaient pas cherché à leur cacher la vérité. « C'est un emploi exceptionnel ! Vous y ferez des apprentissages qui vous seront utiles pour votre avenir. Mais c'est loin d'être facile. Pour réussir, vous devrez surtout être imaginatifs. Certains sous-estiment le travail d'animateur auprès des jeunes. Ils pensent qu'ils viendront ici se la couler douce pendant quelques semaines. Ceux et celles qui pensent comme ça ne font pas long feu. » Sam et ses amis étaient revenus à la maison avec une tonne d'outils, dont des jeux et des chansons de camp. Ils s'amusaient à chanter *L'arbre est dans sa feuille* quand le Doc Nelson se joignit à eux.

— Une chanson de Zachary Richard ! Mes parents adorent ce chanteur. Cette chanson est ma préférée. C'est celle que je chantais aux enfants lorsque j'étais animateur dans les camps d'été. J'en garde des souvenirs impérissables.

Sam et ses amis n'étaient pas étonnés d'apprendre que leur prof préféré avait travaillé jadis dans des camps. Ils étaient certains que les enfants avaient eu du plaisir avec lui. Winston

Nelson fit un grand sourire quand ses élèves lui apprirent qu'ils s'apprêtaient à suivre ses traces.

— Vous ne le regretterez pas ! C'est dans les camps que j'ai appris les fondements de mon métier.

— Que ferez-vous de votre été, monsieur Nelson ? demanda Sam.

— Depuis quelques années, je loue un chalet dans Lanaudière. Je ferai du canot, de la pêche, du kayak, de longues marches en forêt... Mon fils, Eliot, adore les activités de plein air. Ce sera un peu différent cet été. Nous ne serons pas seuls... Mes chers élèves, je vous souhaite un été de rêve. Revenez en pleine forme. Les étés de mon adolescence ont été marquants. Parfois, j'aimerais bien les revivre. Ils ont été si riches...

Une conversation avec le Doc Nelson n'était jamais banale. L'homme était d'une grande honnêteté. Les jeunes appréciaient son érudition, sa franchise, son écoute, son empathie. Tous lui souhaitèrent de bons moments. Ce n'était maintenant plus un grand secret. Le Doc Nelson et Éléonore Barbe, la psy de l'école, se fréquentaient. Leur couple était presque aussi populaire que celui de Sam et d'Audrey ! Enfin, tout le monde à l'Acad' était bien content que les vacances soient arrivés. Tous avaient bon espoir de se reposer, de faire le vide. Mais le repos était-il possible pour un idéaliste comme Sam ?...

François Rioux était dans la quarantaine. Quand il était gamin, il passait ses étés dans un camp. Ses parents pouvaient difficilement prendre des vacances durant la saison chaude, puisqu'ils étaient cultivateurs. Quand François avait atteint l'adolescence, on aurait bien aimé le voir travailler dans les champs. Mais il trouvait cela ennuyeux. Il préférait de loin l'animation. Déjà, à dix-huit ans, il coordonnait les activités d'un des plus grands camps d'été des Basses-Laurentides. Il était doté d'un remarquable sens de l'organisation. Tout devait marcher comme sur des roulettes. Il aimait que ses employés sachent qu'ils étaient appréciés et importants à ses yeux. Par exemple, puisqu'ils étaient nombreux, il organisa un transport en autobus exprès pour ceux qui fréquentaient l'Académic.

Le matin du départ, Sam arriva très tôt à l'école. Ses parents étaient venus le conduire. Sa mère n'avait cessé de lui rappeler qu'il devait être prudent. « Ce sont de grandes responsabilités. Les parents te confieront leur trésor. Fais attention à ce que tu leur dis. Ne fais pas de bêtises… » Mylène faisait comme si elle avait des inquiétudes. En fait, c'était plutôt un jeu. Elle savait pertinemment que son fils serait un excellent animateur, qu'il pourrait avoir une influence positive sur bien des enfants. Daniel et Mylène étaient repartis, fiers mais un peu tristes. Leur fils leur manquerait, c'était indéniable.

Sam tenait à être là tôt. Personne n'était arrivé, même pas l'autobus. Il n'était pas encore 8 h qu'il faisait déjà une chaleur écrasante. Les météorologues annonçaient un été chaud et humide. Sam ne s'en plaindrait pas. Il aimait le soleil, l'énergie qu'il procurait. Quelques minutes après son arrivée, un camion Lange Rover se gara dans le stationnement de l'école. Quand il vit le passager en sortir, Samuel sourcilla. William Chabot ! Que venait-il faire ici ? Ne lui avait-il pas dit qu'il passerait l'été à Tremblant à faire du wakeboard ? Sam sut aussitôt que l'été serait plus compliqué qu'il ne l'avait espéré. William salua son père, Henri Chabot, l'ennemi juré de Samuel, puis il se dirigea vers ce dernier.

— William ? Tu n'es pas à ton chalet ? Qu'est-ce que tu viens faire ici ?

— Sam, tu ne sembles pas content de me voir. Je ne comprends pas. C'est simple, j'ai décidé que je viendrais travailler à Terre d'Espoir.

— Tu n'as même pas suivi les deux fins de semaine de formation ! Tu n'étais même pas parmi les élèves choisis. Explique-moi !

— T'expliquer ? Je m'appelle William Chabot. Mon nom de famille est prestigieux. J'ai décidé que je voulais travailler à Terre d'Espoir. J'en ai parlé à mon père. Quelques coups de téléphone et le tour était joué.

— Pourquoi désires-tu travailler ? Je ne te comprends pas. Quand le directeur du camp est venu cette année, je me souviens très bien que tu n'as cessé de dénigrer son entreprise. Tu disais que son camp faisait pitié. Que ses installations étaient caduques. Que son idée d'intégrer des jeunes venant de milieux défavorisés était stupide, complètement inutile. Je me souviens t'avoir entendu dire qu'il devrait plutôt créer un camp pour l'élite. Un camp pour les gens qui ont de l'avenir.

— Je ne me souviens pas d'avoir dit ça ! En fait, je vais être honnête avec toi, Laliberté. J'ai l'intention d'être le prochain président de l'Acad'. Dans les dernières années, on n'a pas été très gâté.

— Ça, je te l'accorde. Mais, toi, président ? Tu délires !

— Je pense que je peux faire la différence. Et je pense que mon implication dans le camp Terre d'Espoir me permettra de remporter plusieurs votes.

— Tu crois que tu vas gagner des votes parce que tu as décidé de travailler dans un camp d'été ?

Tu as perdu la tête ou quoi ? Si tu travaillais bénévolement, peut-être que ça changerait quelque chose. Mais ce n'est pas le cas. Nous sommes tous payés pour travailler à Terre d'Espoir.

— Entre toi et moi, c'est comme si on travaillait bénévolement. Le salaire qu'on nous donne est ridicule. Laliberté, je sais exactement ce que je fais. Tout le monde sait très bien que je n'ai pas besoin de travailler. J'ai tout l'argent que je veux. Quand les élèves de l'Acad' apprendront que j'ai sacrifié mes vacances d'été pour aller divertir des gamins, ils comprendront que j'ai les valeurs à la bonne place.

— Plus je te connais, plus tu me désoles. Tu es l'être le plus égocentrique que je connaisse.

— Je ne suis pas égocentrique, Laliberté. Tu te trompes, je suis juste ambitieux. Je connais les règles. Je sais ce qu'il faut faire pour atteindre les sommets.

— Ambitieux ?! La présidence de l'école ! Tu sais très bien que la politique à l'école est un leurre. Il est impossible de changer quoi que ce soit.

— Avec moi, ce sera bien différent… J'ai des idées que la direction aimera sans aucun doute. Surtout Labri. J'ai plus de pouvoir que tu le crois. En plus, je me suis dit que ma présence à Terre d'Espoir me permettrait peut-être enfin de tisser des liens d'amitié avec toi.

William esquissa un sourire narquois. Samuel n'était pas stupide. Comme si William pouvait avoir des intentions bienveillantes à son égard... Jamais il n'en aurait. En effet, il cherchait uniquement à polir son image. Labri lui avait fait quelques promesses. Depuis que William s'amusait à jouer au bras droit du directeur de la discipline, celui-ci le voyait dans sa soupe. « Monsieur Chabot, avec un président comme vous, nous pourrions enfin avancer dans la bonne direction. L'influence que vous avez auprès de vos pairs est considérable. Nous partageons la même vision. Nous aimons l'ordre et la discipline. Par exemple, nous détestons les élèves rebelles. Vous êtes assez brillant pour présenter des projets de loi qui materaient les apôtres du chaos. Vous auriez toujours mon appui. Toujours. » Au départ, cette idée de faire de la politique ne plaisait pas à William. Perte de temps. Mais il avait changé d'opinion en observant son père. Même si ce dernier parlait très peu à la maison de ses affaires, William avait compris qu'il s'engageait de plus en plus politiquement. L'homme ne cachait plus ses ambitions. Un jour, son fils l'avait entendu dire : « Si nous voulons brasser de grosses affaires, il faut être au pouvoir. Prenons maintenant tous les moyens à notre disposition pour l'obtenir. Cela fait des années que nous semons des graines un peu partout. Le fruit est mûr. » William voulait suivre les traces de son père. Oui, la présidence l'intéressait. Il était à présent prêt à tout pour atteindre son but, même à sacrifier quelques semaines de son été. Mais William ne cherchait pas seulement à embellir son image. Son amour pour Audrey St-Onge ne faisait que croître. Même si elle semblait filer le parfait bonheur avec Samuel, William n'avait pas jeté l'éponge. « J'arriverai bien à lui faire comprendre que je suis le garçon dont elle a besoin. Laliberté finira par lui faire du mal… » En allant à Terre d'Espoir, il se disait qu'il aurait un œil sur les deux amoureux. Qu'il réussirait peut-être à créer la bisbille entre eux. Peut-être…

Les voitures commencèrent à affluer dans le stationnement de l'Acad'. Les futurs animateurs, chargés de leurs bagages, se rassemblèrent. Comme Sam, tous furent surpris de voir parmi eux William Chabot. Ce qu'il raconta à ceux qui le questionnaient sur sa présence inattendue était bien différent de ce qu'il avait dit à Samuel. Menteur, il berna à peu près tout le monde.

— Je n'avais pas donné mon nom au départ, car je croyais que je n'allais pas être disponible cet été. Mon père m'avait dit que nous partions en Italie. J'étais déçu. Le directeur du camp, monsieur… Proulx, non, monsieur… Rioux… était tellement intéressant. Quand mon père m'a annoncé qu'il avait dû annuler le voyage, j'ai aussitôt téléphoné à monsieur Rioux. Je l'ai convaincu que j'étais capable de relever le défi.

Samuel se mordait les lèvres. Il aurait bien pu remettre William à sa place devant les autres, mais à quoi bon? Quand le vieil autobus scolaire fit son entrée dans le stationnement de l'école, William écarquilla les yeux. Il voulut faire un commentaire désobligeant à voix haute, mais il se contint. Intérieurement, il se disait: « Mais dans quoi est-ce que je me suis embarqué?! Dire que j'aurais pu passer l'été à faire du bateau et du wake… Cet autobus est en ruine. On l'offrirait à des pays pauvres comme Cuba, puis ils n'en voudraient même pas. » Les adolescents chargèrent leurs bagages dans le véhicule quasi obsolète, puis ils montèrent à bord. Avant de tourner la clé dans le contact, le chauffeur, un homme dans la cinquantaine, coiffé d'une vieille casquette à l'effigie du camp, signala à ses passagers que sa radio ne fonctionnait plus depuis des lustres, mais qu'il s'attendait à entendre des chansons jusqu'à Saint-Adolphe-d'Howard.

— François m'a dit que vous connaissiez maintenant une bonne vingtaine de chansons. Je veux les entendre. TOUTES!

Tous en chœur, les nouveaux animateurs entonnèrent les chansons qu'on leur avait apprises: *L'arbre est dans ses feuilles*, *Le docteur guérit tout, L'alouette en ski, À la claire fontaine, Une fille du Far West, La gomme, La jument Tibi, Si tu aimes le soleil, Zimbabwe*... William semblait dépassé. Dans quel cirque venait-il de mettre les pieds ? Audrey perçut aussitôt son malaise. Elle lui passa son cahier de chants.

— Tu es mieux de t'y mettre tout de suite ! Tu devrais les apprendre assez facilement. C'est pas mal plus facile à apprendre qu'un document d'étude préparé par Roberge.

William remercia Audrey, puis il se mit à feuilleter le cahier, découragé. « Ces chansons sont vraiment stupides. J'ai bien peur de revenir de ce camp avec une coche en moins. » Tant bien que mal, William tenta de suivre le groupe. Il essayait de dissimuler de son mieux son manque d'enthousiasme, mais la tâche était loin d'être facile. « J'espère qu'il n'y aura pas de trafic sur l'autoroute 15. S'il y a un bouchon de circulation, je me lance par une fenêtre... » Mais, heureusement pour lui, la circulation était fluide et ils arrivèrent au camp en moins de quarante-cinq minutes. William émit un long soupir de soulagement. Il ne serait pas resté une minute de plus dans cet autobus. Il sortit en vitesse du véhicule, comme s'il était sur le point de régurgiter.

— William, tu as le mal des transports ? le nargua Sam. L'autobus n'était pas assez chic à ton goût ?

— C'était un autobus ? Je croyais que c'était une charrette. Pas sûr qu'il soit réglementaire. Non, je vais être honnête avec toi, Laliberté : je préfère te voir danser que t'entendre chanter. Je n'en pouvais plus de cette cacophonie.

— J'ai bien peur qu'il faille que tu t'y habitues.

— Je me trouverai des bouchons !

Les nouveaux arrivants étaient attendus. Les animateurs plus âgés, ceux qui s'étaient chargés de les former, vinrent les accueillir au pas de course. Myriam Beauséjour, la coordonnatrice du camp, arriva quelques instants plus tard. Elle avait vingt ans. C'était une fille énergique et ferme. Elle ne s'en laissait pas imposer. Elle en était à sa deuxième année comme coordonnatrice, mais elle travaillait au camp depuis quatre ans. François Rioux lui faisait confiance. Il savait qu'elle était capable de gérer une équipe d'adolescents.

— Bienvenue à tous ! Nos premiers groupes arrivent dès demain. On n'a pas de temps à perdre. Prenez vos bagages. Les anciens vous montreront où sont les chalets. Bien sûr, il y en a un pour les gars, un pour les filles. Ne faites pas les malins. Vous comprenez ce que je veux dire ?

Les nouveaux acquiescèrent. Un des anciens, Émile Jacques, s'avança vers eux.

— L'année dernière, j'ai osé transgresser la règle. Regardez ce qui m'est arrivé, lança-t-il sur un ton très sérieux en brandissant le bras. Ils m'ont coupé la main.

En effet, le jeune homme était amputé. Tout le monde le regardait avec incrédulité. Personne n'osait parler. Le malaise persista pendant quelques secondes. Puis tous les anciens éclatèrent de rire.

— Vous devriez voir votre tête ! reprit Émile. Vous êtes hilarants. Je n'ai jamais eu de main droite. Je suis né comme ça. C'est très pratique d'avoir un handicap de la sorte quand tu travailles dans un camp d'été. Tu peux raconter un tas d'histoires. Les gars, suivez-moi ! Je vais vous montrer où on dort. Sans farce, ne cherchez pas à aller embêter les filles. Le dernier qui a tenté de le faire est retourné en taxi chez lui. Avec une main en moins, bien sûr ! ! !

Les garçons suivirent Émile Jacques, puis, comme il n'y avait pas de temps à perdre, ils s'installèrent en vitesse. Le chalet était quand même assez chouette. Les chambres étaient à l'étage. Et au rez-de-chaussée, il y avait un grand salon, une cuisine et une salle à manger. Tous les meubles étaient vétustes, comme s'ils appartenaient à un siècle passé. Le tissu des fauteuils était usé à la corde. Les planchers étaient tout grafignés. Les murs étaient décorés de vieilles affiches de films datant d'une autre époque, comme *Jaws*, *Rocky*, *Vendredi 13*, *Le*

Parrain… La vieille télévision encastrée dans un immense meuble en bois était sans aucun doute l'objet le plus intéressant.

— Mes grands-parents en avaient une comme ça, dit Jonathan. Le soir, avant de se coucher, on pourra regarder les Olympiques.

— Cette télé ne fonctionne plus depuis longtemps, précisa Émile.

— Pourquoi vous la gardez, alors ? demanda Sam, curieux.

— De toute façon, même si elle fonctionnait, on n'aurait pas le temps de la regarder. Elle reste là parce qu'on s'en fout. Bien des choses deviennent futiles quand vous êtes ici. Vous comprendrez assez vite. Allez déposer vos bagages dans votre chambre. On a du pain sur la planche !

Cette rusticité plaisait à Sam et à ses amis. Ils se plaisaient à vivre dans la simplicité. Depuis qu'ils avaient bâti leur cabane dans la forêt du Grand Coteau, ils avaient appris à voir les choses autrement. L'abondance n'était pas un gage de bonheur. Hélas, bien des gens autour d'eux étaient malheureux. La richesse n'apportait pas nécessairement des solutions à leurs maux. William ne voyait pas les choses de cette façon. Il ne put s'empêcher de demander :

— Émile, quelqu'un viendra faire le ménage ? Ce n'est pas très propre.

— C'est bien que tu me parles du ménage. Les balais, les vadrouilles, les linges et les produits ménagers sont dans la salle de bain. Je ferai un horaire. On fera le ménage à tour de rôle. Je l'ai fait aujourd'hui avant que vous arriviez. Pas mal, non ?

— Une autre de tes blagues ? lança William en riant.

— Une blague ? Je ne comprends pas. Si tu n'es pas content, tu sais où sont les balais.

— Non, non ! Excellent ménage ! mentit William.

Soudain, la femme de ménage, celle qui venait une fois par semaine chez lui depuis une dizaine d'années, cette dame qu'il n'avait jamais saluée, allait lui manquer. Sam regarda William. Il savait qu'il n'était pas dans sa zone de confort, qu'il remettait sûrement en doute sa décision. La matinée n'était pas encore terminée et il semblait complètement dépassé.

— William, toujours content d'être parmi nous ? Aujourd'hui, sur les lacs, les amateurs de wakeboard doivent s'en donner à cœur joie.

— Samuel, je suis aux anges, répondit William en levant les yeux au ciel.

Il n'était pas au bout de ses peines…

CHAPITRE 2

Réunion générale ! Dans une espèce de grange. On utilisait cette bâtisse pour présenter des spectacles ou abriter les jeunes quand il pleuvait trop fort. Il fallait vraiment que la température soit exécrable pour que les activités extérieures soient annulées. Le soleil était sur le point de se coucher quand Myriam Beauséjour monta sur la scène pour s'adresser aux animateurs.

— Soyez très attentifs ! Je suis désolée, je ne voulais pas que cette réunion se fasse à une heure aussi tardive. On a tous été débordés aujourd'hui. Si tout le monde y met du sien, on devrait être en mesure d'aller se coucher dans une heure. La journée de demain ne sera pas de tout repos.

En effet, les premières journées étaient souvent un peu chaotiques. Par exemple, on s'apercevait qu'il y avait des conflits d'horaires, que les équipements n'étaient pas complets, que les embarcations prenaient l'eau, que la nourriture était insuffisante. Les nouveaux animateurs devaient s'attendre à faire face à des imprévus de taille. Myriam leur rappela que leur sens de la débrouillardise serait probablement mis à rude épreuve. Sam et ses amis ne s'en faisaient pas trop. Au cours de leur formation, on les avait souvent placés dans des situations difficiles à gérer. Et ils s'en étaient toujours sortis de façon admirable. Ils écoutaient attentivement les rappels de la coordonnatrice. Par contre, chacun était impatient qu'elle leur dise avec quel animateur il serait jumelé. En effet, à Terre d'Espoir, le travail d'équipe était valorisé. Samuel se croisait les doigts. Il se voyait très bien travailler en duo avec un de ses amis. Faire la paire avec Audrey serait la cerise sur le sundae. Par contre, au souper, Hilel avait évoqué quelques scénarios catastrophes. « Sam, penses-y deux minutes. Audrey pourrait bien se retrouver à passer une partie de l'été auprès de Chabot. Il est assez manipulateur pour exiger de travailler avec elle. » Cette éventualité était bien probable. Les couples d'animateurs étaient souvent composés d'un garçon et d'une fille ici. « Si William travaille avec Audrey, je n'arriverai jamais à me concentrer. Je sais très bien qu'il fera tout pour la détourner de moi. » Les sentiments qu'Audrey avait pour Sam étaient puissants, il n'en doutait pas. Leur amour était sincère et profond. Mais Sam connaissait bien William. Il savait qu'il le jalousait. William était habitué à obtenir tout ce qu'il voulait. Il n'était pas parvenu à séduire

Audrey. Dans cette lutte, Samuel se demandait quelles étaient les véritables intentions de son rival : séduire Audrey ou le vaincre, lui. Si on avait posé la question à William, probablement qu'il n'aurait pas su quoi répondre, les deux enjeux étant pour lui aussi importants l'un que l'autre.

— Bon ! Voilà maintenant le moment tant attendu ! Vous saurez avec qui vous serez jumelés pour la prochaine semaine !

Samuel émit un soupir de soulagement quand il entendit le nom d'Audrey et celui de Lili. Les deux amies allaient former une excellente équipe. Elles étaient bien organisées et dynamiques. Son souhait de travailler avec son amoureuse ne s'était pas réalisé mais, au moins, il ne se ferait pas constamment du mauvais sang. Toutefois, il devint plus nerveux quand Myriam annonça le duo qu'elle jugeait explosif.

— Ces deux gars là se complètent très bien. On a vu ce qu'ils étaient capables de faire durant les journées de formation. Hilel et Jonathan, je vous souhaite bonne chance.

Les deux copains exprimèrent leur bonheur en faisant une petite danse. La drôlerie du moment ne parvint pas à tirer un sourire à Sam. Il avait le pressentiment qu'une mauvaise nouvelle allait s'abattre sur lui. Comme de fait, elle tomba quelques minutes plus tard.

— Notre prochain duo sera formé de Samuel Laliberté et de William Chabot.

Tout de suite, on perçut un malaise. Contrairement aux autres animateurs qui avaient manifesté leur joie en faisant des plaisanteries, Sam et William restèrent immobiles. Ils se regardèrent, puis se contentèrent d'un timide hochement de tête.

— J'espère que vous serez en meilleure forme demain, lança Myriam. Je vous ai attribué un groupe très intéressant. Certains des enfants qui le composent proviennent de milieux défavorisés. Plusieurs d'entre eux vivent des choses difficiles. On veut qu'ils puissent vivre un séjour inoubliable.

Terre d'Espoir n'était pas un camp d'été comme les autres. Son directeur, François Rioux, était un homme de cœur. Il croyait fermement qu'un séjour dans son camp pouvait avoir un effet positif sur un enfant. « Mon camp s'appelle Terre d'Espoir, disait-il. Ce n'est pas un nom insignifiant. Hélas, nous n'avons pas tous les mêmes chances dans la vie. Certains ont tout ce qu'ils veulent, puis ils s'en moquent. D'autres n'ont rien. Les gens comme moi peuvent à leur manière aider les autres. Aujourd'hui, je peux offrir des séjours gratuits à quelques enfants. Je ne leur offre pas Disney. Mais je sais qu'ils apprécient mon geste. » Après la réunion, les duos se rassemblèrent. Samuel était découragé. Il ne pouvait croire qu'il passerait ses journées avec William. Il ne se gêna pas pour faire part de sa déception à son équipier.

— C'est impossible ! Je vais devenir fou. Je suis incapable de te sentir.

— Non ! On ne travaillera pas ensemble. On va aller voir tout de suite Myriam, puis on va lui dire qu'on est incompatibles.

— Pour une fois que je trouve que tu as une bonne idée !

Myriam ramassait les papiers qu'elle avait consultés durant la réunion quand Sam et William lui demandèrent s'ils pouvaient lui parler un instant. La coordonnatrice était fatiguée. Sa journée de travail avait été éreintante. Elle était impatiente d'aller se coucher.

— Faites vite ! J'ai juste envie d'aller dormir. En tout cas, j'espère que vous serez plus dynamiques demain matin. Vous étiez pathétiques. À moins que vous jouiez un jeu…

— Non, on ne jouait pas la comédie, confirma Samuel. William et moi avons des différends. C'est une très mauvaise idée de nous faire travailler ensemble.

— Samuel a raison, renchérit William. On ne peut pas se piffer. On ne sera jamais capables d'offrir aux enfants des activités intéressantes.

On va toujours être en train de s'obstiner. C'est viscéral. Je le déteste.

— Vous êtes deux enfants gâtés ! Laissez vos petites querelles puériles derrière vous. On est à Terre d'Espoir. Faites preuve de maturité. Si le travail ne vous intéresse pas, retournez chez vous. Les jeunes dont vous aurez la responsabilité n'en ont rien à faire, de vos chicanes d'enfants gâtés.

— Justement ! s'indigna William. Myriam, c'est ma première année ici. Je n'ai même pas suivi la formation. En plus, tu as dit que certains des enfants que nous aurions dans notre groupe venaient de milieux défavorisés. Je ne me sens pas assez outillé pour garder des enfants pauvres. Ils doivent tous avoir des problèmes de comportement. Je ne veux pas m'occuper d'eux.

— Pardon ?! tonna Myriam. Tous des problèmes de comportement ?! Un autre qui a des préjugés ! J'ai eu une journée éprouvante. J'ai les nerfs à vif. Je te préviens, tu devrais immédiatement retourner dans ton chalet. Si tu ouvres la bouche à nouveau, tu pourrais le regretter. Je n'ai pas l'habitude d'être tendre avec les petits prétentieux.

William était en colère. Comment Myriam osait-elle lui parler de la sorte ? Réalisait-elle qu'elle s'adressait à un des membres de la famille Chabot ? Il aurait aimé lui faire ravaler ses paroles. Mais, curieusement, il sentit qu'il creuserait sa tombe s'il partait en guerre contre la coordonnatrice. Sage, sans dire un mot, il tourna les talons. Lorsqu'il sortit de la bâtisse, il fit tout un vacarme en claquant la porte.

— Le monsieur n'est pas content ! fit Myriam. Toi, Samuel, es-tu comme ton partenaire ? Tu n'aimes pas les pauvres ? Tu as peur qu'il te donne des maladies ? Tu as peur qu'ils sentent mauvais ?

— Qu'est-ce que tu racontes, Myriam ? Je ne suis pas venu te voir parce que je voulais un autre groupe. Je voulais juste te dire que William et moi formons un très mauvais duo. Tu as bien vu à quel point il est stupide. On est toujours en désaccord. William est un égocentrique.

— Toi, tu ne l'es pas ?

— Pas vraiment ! répondit Samuel, heurté. Tu n'as pas lu mon CV ? C'est dommage. Tu en aurais appris un peu sur moi. Les actions que je mène dans la vie ne sont pas futiles.

— Je le sais ! Ton CV est impressionnant ! Les retombées du spectacle auquel tu as participé à ton école sont spectaculaires. Même le ministre de l'Éducation en a parlé à la télé. On n'engage pas n'importe qui à Terre d'Espoir.

— Ah oui ? J'aimerais bien savoir ce qui t'a allumée dans le CV de William...

— Ça, c'est un autre dossier... Samuel, je pense que les enfants de ton groupe vont t'adorer. Je t'ai beaucoup observé au cours des deux fins de semaine de formation. Tu as du cœur. Tu es sincère. Tu sembles sensible. Et tu danses comme un pro. Je t'ai vu sur YouTube. Quant à tes différends avec William, fais preuve de maturité. Vous n'aurez d'autre choix que de vous entendre, sinon vous ne survivrez pas.

— Bon... Merci pour ta confiance. Je te promets que je vais faire de mon mieux. Mais s'il ne coopère pas, je reviendrai te voir. Les enfants n'ont pas à payer pour nos conflits.

— Tu as raison. Mais soyons confiants.

Samuel souhaita une bonne nuit à Myriam, puis il marcha, songeur, jusqu'au chalet. Jo et Hilel l'attendaient, assis sur le balcon. Samuel appréciait qu'ils l'aient attendu, mais il n'avait pas envie de parler. Il voulait juste aller se coucher, car il savait que les défis qu'on lui avait lancés étaient de taille: animer une bande de jeunes et endurer William Chabot. L'été ne serait pas reposant...

— Les gars, je vais survivre. On se parlera demain matin.

Lorsqu'il posa la tête sur l'oreiller, Samuel pensa, en riant intérieurement, qu'il pourrait peut-être utiliser une poupée vaudou pour éloigner William...

La journée allait bon train. Sam n'avait pas eu à régler trop de problèmes. Les enfants suivaient les consignes. Peut-être qu'ils étaient gênés parce que c'était leur première journée. William n'avait pas dit trop de bêtises. Même qu'il avait fait un boulot convenable jusqu'à maintenant. Il n'avait pas sourcillé en voyant les enfants, n'avait pas fait de commentaires désobligeants. Sam dut faire face à sa première situation difficile lors de la baignade de l'après-midi. Tous les enfants et les animateurs se retrouvaient sur la plage pour se baigner. Cela permettait à tout le monde de se voir. Alors que plusieurs animateurs en profitaient pour discuter entre eux, car les sauveteurs se chargeaient de la surveillance des petits, Sam préféra observer les enfants dont il avait la responsabilité. À un certain moment, Tommy, le plus jeune de son groupe, sortit du lac. Contrairement aux autres garçons, il avait gardé son t-shirt pour se baigner. Il prit sa serviette, puis il alla s'asseoir sous un arbre à l'ombre. La tête basse, l'enfant lançait mollement des petits cailloux. Curieux, Samuel s'approcha de lui.

— Tout va bien, Tommy ? Pourquoi es-tu sorti du lac ? Il fait chaud. Profites-en, car on s'en va faire bientôt du tir à l'arc.

— Non, je ne suis pas bon pour nager. Tout le monde rit de moi.

— On rit de toi ?

— Des gars ont ri de moi. Ils n'arrêtent pas de dire que je suis pauvre.

— Pourquoi disent-ils cela ?

— Je ne sais pas. Peut-être parce que je leur ai dit que j'habitais Hochelaga-Maisonneuve. Ils m'ont dit que j'étais ici parce que mes parents étaient des bons à rien. Des BS ? Puis ils m'ont traité de noms. Samuel, l'autobus, est-ce qu'il repart ce soir ? Moi, je croyais que j'aurais du plaisir ici. Je pense que je serais mieux dans ma ruelle avec mes amis.

Les paroles du jeune Tommy attristèrent et révoltèrent Samuel. Même s'il ne le connaissait pas vraiment, l'adolescent éprouvait de la compassion pour lui. Il n'acceptait pas qu'il soit rejeté par certains enfants à cause du milieu d'où il provenait.

— Tommy, moi, j'ai envie de jouer avec toi. Je suis un monstre terrible. Le monstre du lac. Si dans cinq secondes tu es encore devant moi, je vais te dévorer.

Tommy fit une moue d'incrédulité. « Mais qu'est-ce qu'il raconte, lui ? Il est fou. »

— Je t'aurai prévenu, petite crapule !

Sam alla puiser dans sa mémoire. De doux souvenirs lui revinrent à l'esprit, dont celui de son père faisant le monstre. Il reproduisit à la perfection les gestes que Daniel faisait à l'époque. Le dos courbé, les bras écartés du corps, la bouche béante, il agrippa sa proie. Vif, agile, le petit Tommy se dégagea assez aisément, puis il éclata de rire.

— Essaie de m'attraper ! Tu es mieux de courir vite !

— Tu vas regretter ton insolence, petit vaurien !

La vigilance de Samuel permit au petit Tommy de retrouver le sourire. Momentanément, du moins…

Fourbus, Sam et William étaient assis dans le salon du chalet. Les enfants étant maintenant couchés, ils pouvaient enfin relaxer. Après le souper, Myriam était venue les voir pour les féliciter. « Les anciens m'ont dit que vous étiez très bons. Continuez ! Les jeunes ont du plaisir. Ça se voit ! » En effet, Sam et William avaient travaillé admirablement. Ils s'étaient soutenus, avaient mis de côté leurs querelles. Ils ignoraient s'ils seraient capables de tenir le coup, mais, pour le moment, l'équipe fonctionnait.

— Le petit Tommy est toujours après toi. Il ne te fatigue pas ? Moi, je ne serais pas capable. J'ai besoin de ma bulle.

— Il est sensible aux railleries. Des garçons ont ri de lui. Ils lui ont dit des mots méchants.

— Parce qu'il est pauvre ?

— Oui, parce qu'il est pauvre, répondit Sam avec véhémence.

— Calme-toi, Samuel ! Je pose une question. Je ne fais pas un jugement de valeur. C'est sûr que les jeunes comme Tommy sont ciblés. As-tu vu comment ils sont habillés ? Même s'ils portent le chandail du camp, on voit bien qu'ils sont pauvres. On dirait qu'ils transpirent la pauvreté.

— Je sais bien, admit Samuel.

Même s'ils étaient loin de leur milieu, en pleine forêt, la réalité socioéconomique de certains jeunes ne mentait pas. Par exemple, Sam et William, au cours de la journée, avaient dû aller fouiller à quelques reprises dans la salle des objets perdus. Chaque fois qu'ils voulaient faire une activité, un ou plusieurs enfants de leur groupe n'avaient pas le matériel requis. Pire, au moment du coucher, deux d'entre eux n'avaient même pas de sac de couchage.

— En tout cas, je pense qu'on a fait du bon boulot.

Les deux partenaires se mirent les mains derrière la tête et s'affalèrent sur le fauteuil, satisfaits. Hilel et Jonathan vinrent les rejoindre quelques minutes plus tard.

— On a pensé que nous pourrions faire un grand jeu demain, proposa Jo. Le diamant volé, par exemple. Notre groupe contre le vôtre. Qu'est-ce que vous en dites ?

— Qu'en penses-tu, William ? demanda Samuel.

— Excellente idée ! On va les battre haut la main ! On a une couple de pauvres dans notre équipe. Ils sont affamés et dangereux…

Sam et ses amis dévisagèrent William.

— Quoi ? Arrêtez de tout prendre au pied de la lettre. Je n'ai pas été méchant. Je faisais une blague. On va vous laver demain. D'accord avec moi, Sam ?

— D'accord avec toi, Will ! Les gars, préparez vos jeunes. On se battra comme des guerriers.

— On ne parle pas d'une guerre, précisa Hilel en souriant. Mais d'un grand jeu.

Quelques instants plus tard, les quatre garçons allèrent se coucher, car ils tenaient à peine debout. Le lendemain, Sam et William proposèrent l'activité aux enfants de leur groupe. L'idée de se mesurer à des enfants d'un autre groupe les emballa. Ils passèrent une partie de la matinée à s'entraîner sur le parcours d'hébertisme. Sam et William avaient inventé une histoire de vengeance. « Jo et Hilel ont osé dire que nous ne serions pas de taille.

Qu'ils nous écrabouilleraient. Qu'ils nous humilieraient. Quand nous étions petits, nous nous sommes affrontés. Ici même ! Ils nous ont battus ! Ils prétendent qu'ils répéteront le même exploit. C'est aujourd'hui que les choses changeront ! » Les gamins s'étaient donnés à fond, courant comme des dératés, convaincus qu'ils étaient des guerriers indestructibles. Ils s'étaient tellement investis dans leur entraînement que, pendant un bref moment, Sam et William s'étaient demandé s'ils n'y étaient pas allés un peu trop fort avec leur histoire inventée. « Ils y croient trop. Ils vont les massacrer. J'espère qu'on n'aura pas à faire venir une ambulance. »

Quand vint le moment de l'affrontement, les deux équipes se dressèrent l'une devant l'autre. Les joueurs se regardaient avec animosité. Probablement que Jo et Hilel avaient enflammé leurs jeunes en leur racontant une histoire similaire à celle de Sam et de Will. Avant de commencer la partie, les animateurs rappelèrent aux enfants les règles du jeu. Une fillette fit remarquer qu'il serait difficile de différencier les équipes, car rien ne les distinguait.

— Dans le feu de l'action, dit-elle, c'est difficile de voir qui est dans ton équipe. On pourrait utiliser des dossards.

— Bonne idée ! Mais il faudrait que nous allions les chercher et on va perdre un temps fou, fit remarquer Samuel.

— Les joueurs de notre équipe enlèveront leur chandail, suggéra William.

— Pas sûr, William, intervint Jo. Vous avez des filles dans votre équipe…

— Nous portons tous notre maillot de bain sous nos vêtements. Après vous avoir donné la leçon de votre vie, on a prévu aller à la plage.

L'idée convint à tous. Enfin… presque. Lorsque les enfants commencèrent à retirer leur chandail, une dispute éclata entre deux garçons : Tommy et Maverick.

— Tommy, enlève ton chandail ! T'as peur de nous montrer ta bedaine ?

— Non, je ne l'enlèverai pas !

— Vite, à cause de toi, on ne pourra pas jouer ! Regarde, moi, je vais te l'enlever. Ça ne traînera pas !

— Essaie, juste pour voir !

Tommy et Maverick en vinrent aux coups. Tommy devint presque incontrôlable. Pour frapper son adversaire, il utilisait ses mains et ses pieds. Le petit Tommy se battait avec la rage au cœur. Heureusement, le combat ne fut pas très long, car Samuel s'interposa entre les deux pugilistes. Blessé, Maverick se recroquevilla, geignant. Samuel se pencha pour s'assurer qu'il allait bien.

Tommy en profita pour s'enfuir dans les bois. Quand il le vit détaler, Sam se redressa.

— William, occupe-toi de Maverick! Je vais rattraper Tommy avant qu'il commette une autre bêtise.

— C'est bon!

Sam mit quelques minutes à retrouver Tommy. Le garçon s'était caché derrière un immense rocher pour pleurer toute sa colère. Calme, le jeune animateur s'approcha de lui. Il savait qu'il devait y aller avec douceur. S'il brusquait Tommy, il n'obtiendrait rien de lui. Pour lui, ça allait de soi : il fallait tout simplement éviter d'agir comme Robert Labri.

— Tommy, ça va? Je ne viens pas ici pour te disputer. Je veux juste essayer de comprendre. Moi aussi, je me suis déjà battu. À ton âge. Même dernièrement.

— Tu t'es déjà battu? Je ne te crois pas. Tu dis juste ça pour être gentil. Pour que je te parle. À l'école, les éducateurs, ils font toujours ça. Tu sais quoi? Ça ne marche pas avec moi. Les intervenants sont toujours en train de m'achaler. Les trucs, je les connais. Je ne suis pas stupide.

— On fait tous des erreurs. Je veux juste t'aider.

Samuel s'assit à côté de Tommy, puis resta coi. Pendant un bon moment, personne ne parla. Tommy cessa de pleurer, puis il se mit à zieuter

Sam. La bague que portait celui-ci à l'annulaire de sa main gauche semblait l'intéresser. Il la regardait avec curiosité.

— Tes parents doivent être riches. Ta bague, c'est un beau bijou.

— Tu la trouves belle ?

— Oui !

— Elle appartenait à mon arrière-grand-père.

— Il est mort ?

— Non, mais il est très vieux. C'est un homme de cœur. Un homme extraordinaire. Il avait beaucoup de rage en lui. Il s'est battu toute sa vie.

— C'était un boxeur, comme Jean Pascal ?

— Non, il se battait contre les injustices.

— Pourquoi il te l'a donnée ?

— Ça ne fait pas longtemps que je l'ai. Mon grand-père l'a portée, ensuite mon père. Mon arrière-grand-père me croit assez fort pour la porter à mon tour. Cette bague me donne de la force, du courage. Comme tous ceux qui l'ont portée avant moi, je veux améliorer les choses. Rendre le monde meilleur. Je veux me battre, mais pas sur un ring, comme le font les boxeurs professionnels. Je veux qu'il y ait plus de justice. Je veux qu'il y ait moins de souffrance. Penses-tu que tu pourrais m'aider ?

— De la souffrance, c'est ce que je mange matin, midi et soir. Je n'ai pas l'impression que ça va changer. Les enfants comme moi sont condamnés à vivre des injustices. J'ai juste hâte d'être assez grand pour m'acheter une auto. Une belle Mustang ou une Porsche pour m'en aller loin. Pour m'en aller loin de chez nous!

Tommy baissa la tête. Ses yeux versèrent de nouvelles larmes.

— C'est la première fois que je sors vraiment de mon quartier, reprit-il. J'aime ça être ici, loin de tout. Si j'enlève mon chandail, tout le monde va me poser des questions. Et je vais revenir aussitôt dans ma souffrance.

— Tommy, je ne suis pas sûr de te suivre.

Le garçon retira son chandail, dévoilant ainsi son corps couvert d'ecchymoses. Samuel écarquilla les yeux, stupéfait.

— Le chum de ma mère me bat.

— C'est lui qui t'a fait ça? Ta mère, est-ce qu'elle le sait? Et ton vrai père?

— Mon père, je ne l'ai jamais connu. Parti quand j'étais bébé. Ma mère fait ce qu'elle peut. On se tient, tous les deux.

En effet, Tommy vivait un véritable enfer depuis un an environ. Sa mère aussi. Elle était tombée en amour avec Laurent Bolduc. Habile, l'homme l'avait charmée, lui avait fait des tas de promesses. Il lui disait qu'elle était la femme de sa vie, qu'il aimait son fils comme s'il était le sien. Un tissu de mensonges. Seulement après quelques mois, Laurent s'était mis à tout contrôler, à manipuler sa nouvelle conjointe, à terroriser Tommy. La violence que le garçon subissait était devenue trop lourde à supporter. Il l'avait cachée trop longtemps.

— C'est terrible. Ta mère et toi ne devez pas endurer cette situation.

Samuel était bouleversé. Chaque fois qu'il entendait aux nouvelles des histoires d'enfants maltraités, il fulminait. Il regardait les marques sur le corps de Tommy et ne cessait de se répéter la question suivante : « Comment peut-on faire cela à un enfant ? » C'était atroce. Cet homme qui violentait Tommy était un lâche, un vaurien. C'était la première fois de sa vie que Sam était confronté à une horreur de la sorte.

— Qu'est-ce que je peux faire pour t'aider, Tommy ? Dis-moi ce que je peux faire.

— C'est simple, Samuel. Je veux juste m'amuser pour tout oublier. Pour quelques jours, je veux être très loin de chez moi.

— Je t'en fais la promesse. Par contre, je devrai en parler à M. Rioux. J'en ai la responsabilité. C'est quelqu'un de très bien. Tu peux lui faire confiance.

— C'est d'accord.

—Et si on allait se balader un peu ?

— Pourquoi pas ?!

Samuel et Tommy longèrent un petit sentier menant au lac. Au cours de leur marche, ils entendirent les cris des enfants que William, Jo et Hilel cherchaient à galvaniser. La lutte s'annonçait féroce…

Il devait être 21 h 30. Tous les enfants dormaient, exténués de leur journée. Les animateurs ne leur avaient donné aucun répit. Les activités s'étaient succédé à un rythme quasi infernal. Dans le chalet, William, Jo, Hilel et Samuel étaient affalés sur les fauteuils du salon. Dans la cuisine, quatre gars parlaient fort et s'obstinaient. Ils préparaient des *grilled cheese* et cherchaient à déterminer qui était le maître de ce délicieux sandwich.

— La poêle ne doit pas être trop chaude, sinon le beurre brûle.

— Non, au contraire, elle doit être chaude. Le pain ne doit pas être doré, mais un peu brûlé. Juste assez. Tout est dans le contrôle de la température.

— Vous ne connaissez rien aux *grilled cheese.* Chez nous, je suis le pro. Ma mère travaille dans un casse-croûte. On ne prend pas du beurre, mais de la margarine !

Jo aurait aimé se joindre à eux, car il savait qu'il leur aurait donné une bonne leçon. Le *grilled cheese* qu'il préparait était tout simplement parfait. Mais, comme William et Hilel, il était impatient de savoir ce que Samuel avait fait avec le petit Tommy pendant tout ce temps. Quand l'adolescent et l'enfant étaient revenus en fin d'après-midi, curieux, ils avaient posé un tas de questions. « Où était-il ? S'était-il caché dans une grotte ? L'as-tu retrouvé au village ? » Sam leur avait promis qu'il répondrait à toutes leurs questions, mais seulement quand les enfants seraient couchés.

— Maintenant qu'ils dorment, tu peux nous parler, dit William. Fais ça vite parce que je suis fatigué. J'ai dû m'occuper du groupe tout seul une bonne partie de la journée à cause de cette fugue. Si ça se reproduit, je te le garantis que tu restes avec le groupe. Je préfère fouiller cette forêt de long en large que de m'occuper de ce groupe-là en solo.

— Tommy n'était pas très loin, expliqua Samuel. Je l'ai trouvé en quelques minutes.

— Pourquoi tu n'es pas revenu tout de suite, alors ? demanda William, frustré.

— Attends, tu vas comprendre assez vite. J'ai appris pourquoi il ne voulait pas enlever son chandail. Il est couvert d'ecchymoses. Le chum de sa mère le bat.

— Tu es sérieux ? demandèrent les autres, stupéfaits.

— Très sérieux. Le petit s'est confié à moi. Je pense qu'il m'aime bien ; il me fait confiance. Je voulais prendre du temps avec lui. Il a besoin d'oublier ce qu'il vit chez lui. Pensez-y, c'est horrible.

Pendant un bon moment, plus personne ne parla. Bouleversés, tous pensaient au petit Tommy. À tout ce qu'il endurait. William, visiblement abattu, se leva, puis annonça qu'il allait se coucher.

— Samuel, tu as bien fait de rester avec Tommy. Par contre, demain, prépare-toi à travailler. En double !

Quand William poussa la porte de sa chambre, Samuel invita ses amis à sortir.

— Allons prendre l'air un peu. Ce soir, c'est la pleine lune.

— Sam, j'aimerais bien aller me coucher, fit Hilel en soupirant de dépit.

— Pas longtemps, les gars. J'aimerais juste vous parler en privé.

Sam venait de mettre la puce à l'oreille de ses fidèles amis. Une fois qu'ils furent à l'extérieur, il s'assura qu'ils étaient bien seuls, puis aborda le sujet qui le préoccupait.

— Les gars, il faut agir. Cette histoire m'enrage. Il faut stopper cette brute. On en a la force.

— Sam, on a promis à ma grand-mère que nous arrêterions. On ne peut pas continuer. Ma grand-mère nous l'a bien dit. C'est trop dangereux. En plus, on ne sait presque rien de ce petit. Peut-être qu'il ment.

— Qu'il ment? Pourquoi il mentirait?

— Peut-être qu'il est tout simplement tombé, poursuivit Hilel. Il cherche peut-être à attirer l'attention.

— Hilel, j'ai vu ces blessures. J'ai passé l'après-midi à lui parler. Il n'a rien inventé, j'en suis sûr.

— Mais pourquoi a-t-il décidé de se livrer soudainement à toi? renchérit Hilel. Tu ne trouves pas ça étrange?

— Il est à bout! Ça fait un an que sa mère et lui sont sous l'emprise de cet homme. Tommy a explosé. Il a peut-être essayé de parler à d'autres personnes. Je ne le sais pas. Mais ce n'est jamais facile quand tu vis de la violence. La honte peut t'habiter.

— Probablement que tout ça est vrai, intervint Jo. Mais Hilel a raison quand il dit que nous avons promis que nous cesserions de pratiquer le vaudou. Moi, je suis prêt à tenter de l'aider, mais je pense qu'il est plus sage d'employer des moyens plus conventionnels.

— Comme quoi? demanda Samuel, déçu par l'attitude de ses amis.

— On peut faire une plainte à la DPJ, la Direction de la protection de la jeunesse, répondit Jo.

— C'est probablement ce que fera M. Rioux. Je suis allé le voir pour lui dire ce que j'avais appris. Mais j'ai peur que ces gens ne prennent pas le signalement au sérieux. Ils doivent tellement être débordés. Le vieux fou leur balancera sûrement un paquet de menteries, puis ils fermeront le dossier. On ne peut pas laisser passer des choses comme ça.

— Sam, c'est non ! trancha Hilel sur un ton ferme. Nous avons des règles. Nous devons les suivre. C'est terminé.

— Hilel a raison, enchaîna Jo. Tout ce qu'on peut faire, c'est offrir un séjour mémorable à ce petit. Je le sais, Sam, c'est dur, mais il faut se résigner. On a fait la promesse que nous n'utiliserions plus le vaudou pour changer le monde. Sam, Yveline nous a bien prévenus. On s'expose à trop de dangers. Nous sommes probablement déjà allés trop loin.

Samuel acceptait difficilement ce qu'il venait d'entendre. Frustré, amer, il se contenta de serrer les poings. Il avait l'impression que ses amis le laissaient tomber. Grâce à eux, Tommy aurait pu retrouver un semblant de vie normale. Mais non ! Après son court séjour à Terre d'Espoir, il retournerait dans la gueule du loup. Pour

Samuel, c'était inconcevable. Mais il devait se résigner. Ses amis et lui étaient liés. Il avait été le premier à édicter les règles du groupe. Hélas, il ne pouvait faire à sa tête. Samuel ne rentra pas au chalet en même temps que ses amis. Il préféra, même si la fatigue l'accablait, rester seul à regarder le magnifique ciel étoilé. En moins d'un an, ses amis et lui étaient parvenus à semer un certain optimisme autour d'eux. Les gens avaient arrêté momentanément de ruminer des idées défaitistes. S'ils cessaient définitivement leurs activités, les choses redeviendraient comme elles l'étaient auparavant. Le peu d'optimisme qu'ils avaient réussi à semer disparaîtrait au profit du cynisme, un cancer que Samuel voulait vaincre à tout prix. Renoncer à Maître Sam, c'était trop difficile. L'adolescent se remémorait tout ce qu'il avait accompli quand, soudain, le gagnant du concours du meilleur *grilled cheese* sortit du chalet. Quand il vit Samuel, le champion lui demanda s'il voulait goûter à son succulent sandwich.

— Hé, *man*, veux-tu un *grilled cheese* ? Je suis le maître incontesté. Ces petits blancs-becs pensaient m'impressionner avec leurs techniques de débutants. Des amateurs. Goûte, tu vas voir. Ça, c'est du *grilled cheese*.

Sam accepta volontiers le sandwich que lui tendait le grand chef.

— En effet, il est très bon, dit-il après avoir avalé une première bouchée. Une tranche de fromage Kraft entre deux tranches de pain grillées.

— Simple, mais tellement efficace.

Les deux garçons éclatèrent de rire et échangèrent quelques plaisanteries. Ce soir-là, quand Samuel ferma les yeux, il se fit une promesse : les prochains jours de Tommy seraient inoubliables…

Chapitre 3

Le lendemain, Hilel et Jo ne savaient pas trop comment aborder Samuel. La veille, ils l'avaient blessé. Même si Samuel pouvait se montrer très persuasif, cette fois-ci les deux amis s'étaient promis qu'ils ne céderaient pas. À leur grand soulagement, Samuel ne leur en tint pas rancune. Il leur assura qu'il avait bien saisi leur point de vue.

— Nous sommes à Terre d'Espoir. On peut, à notre façon, semer des graines de bonheur.

Hilel et Jo furent tout de même un peu étonnés en entendant Samuel parler de la sorte. En temps normal, il n'aurait pas fait preuve d'autant de sagesse. Mais bon, ils lui donnèrent le bénéfice du doute.

Les activités que les garçons proposèrent aux jeunes étaient franchement excitantes. Très souvent, les quatre animateurs travaillaient ensemble. William montrait d'excellentes aptitudes. Les idées qu'il suggérait aux trois mousquetaires étaient originales. Lui-même s'étonnait d'être aussi enthousiaste. Tranquillement, le manque de confort, les longues heures de travail, les repas plus qu'ordinaires, les tâches ingrates n'affectaient plus son moral. Il se plaisait dans l'action. Comme ses équipiers, il avait le sentiment que sa présence à Terre d'Espoir était significative. Il semblait avoir oublié les raisons pour lesquelles il avait fait des pieds et des mains pour travailler au camp. Les points qu'il espérait gagner en venant là étaient devenus secondaires. Les commentaires positifs qu'il entendait à son sujet lui faisaient plaisir. Bien sûr, tout n'était pas parfait. Par exemple, quand il voyait Sam et Audrey ensemble, il devenait tout à coup plus irritable. Mais, au lieu de se mettre à ruminer ou à maudire Samuel, comme il le faisait en temps normal, il cherchait des occupations. N'importe quoi. Comme inventer un nouveau jeu, préparer du matériel, échanger des idées avec un membre de l'équipe, même faire le ménage du chalet ! La nouvelle attitude de William désarçonnait Sam, Jo et Hilel. Terre d'Espoir pouvait-elle réellement transformer un gars comme lui ? Les amis avaient des réserves. « Ça ne durera pas. Les gens ne peuvent pas changer aussi facilement. William fera des siennes dans pas longtemps. »

Un soir, autour du feu, Jo sortit sa guitare, au grand plaisir de tous. Les enfants ne voulaient plus aller se coucher. Les chansons qu'ils avaient apprises à Terre d'Espoir devenaient soudainement beaucoup plus agréables à chanter. Même les plus timides ne se contentaient plus de marmonner les paroles. Lorsqu'ils eurent chanté toutes les chansons qu'ils connaissaient, Tommy fit une demande particulière à Jo :

— Joue-nous les chansons que tu aimes vraiment. Celles que tu pratiques dans ta chambre.

— Peut-être demain, Tom. C'est qu'il est déjà tard. Vous devriez déjà être couchés.

Tous les enfants supplièrent Jo de jouer de la vraie musique. Le musicien avait bien envie de se défouler un peu sur sa guitare. Il lança un regard à ses partenaires, attendant leur avis. Quelques secondes plus tard, Jo fit résonner les premiers accords de *Demons*, une chanson d'Imagine Dragon. Tommy se leva aussitôt et s'approcha du guitariste. Pris par la musique, le garçon se mit à chanter avec émotion. La musique semblait le posséder. Il fermait les yeux en bougeant la tête de haut en bas. Les enfants étaient estomaqués, émerveillés par ce petit spectacle improvisé. Quand la chanson fut terminée, tous les spectateurs, éblouis, ovationnèrent les deux artistes. Tommy, gêné, leur souriait.

— Wow ! Tommy, tu es vraiment bon ! s'exclama Samuel. Où as-tu appris à chanter comme ça ?

— Après l'école, je vais souvent à la maison du Dr Julien. Là-bas, il y a des intervenants. Par exemple, ils m'aident à faire mes devoirs. Moi, j'aime bien passer du temps avec Maude. Je pense qu'elle étudie à l'université. Elle est vraiment cool. Elle traîne toujours sa guitare. Elle a même enregistré un petit album. On peut l'acheter sur iTunes. Tout ça pour dire qu'elle me montre à chanter. *Demons*, c'est ma chanson préférée. Je la fais souvent avec Maude.

Samuel venait d'en apprendre un peu plus sur Tommy. La clinique du Dr Gilles Julien. À l'école, dans son cours d'éthique et culture religieuse, il avait déjà fait un travail de recherche sur ce pédiatre social. L'homme avait à cœur le bien-être des jeunes vivant dans les milieux défavorisés. Il avait mis en place des centres de pédiatrie sociale, des lieux d'accueil chaleureux où les enfants pouvaient trouver de l'aide auprès d'intervenants sociaux. Sam avait été touché par la grandeur d'âme de ce médecin. Les efforts qu'il devait déployer pour mener sa mission étaient colossaux. Cet homme l'avait grandement inspiré. Enfin, sous la pression d'un public en liesse, Jo et Tommy acceptèrent d'interpréter une autre chanson. Cette fois-ci, ils optèrent pour une chanson du groupe des Trois Accords.

Le lendemain, Jo se leva avec un léger mal d'oreille. La douleur était dérangeante, mais pas assez pour qu'il s'en inquiète. Cependant, en fin de journée, il commença à se plaindre. Convaincu qu'il faisait une otite, il décida d'aller en parler à Myriam, la coordonnatrice.

— Demain matin, nous irons au CLSC du village. On prendra ma voiture. En attendant, avale deux Advil. C'est tout ce que tu peux faire pour le moment.

Jo suivit les recommandations de Myriam, puis il rejoignit ses camarades. Il se fit accueillir par quelques moqueries pas bien méchantes.

— Jo, tu es une petite nature.

— Une otite ? Tu veux juste te pousser pour un avant-midi. On les connaît, ces trucs-là !

— Vous avez tout compris ! ironisa Jo. C'est le moyen que j'ai trouvé pour aller au village. Bientôt, on n'aura plus un sac de chips au ketchup. J'ai pensé qu'il faudrait faire le plein.

En moins de deux, Jo fut inondé de demandes particulières. Les autres animateurs lui donnèrent de l'argent pour qu'il passe à l'épicerie leur chercher des grignotines. Skittles, Lays au ketchup, pop-corn, Méli-Mélo... Jo se dit qu'il en profiterait pour acheter un chou kale. L'élixir qu'il buvait habituellement avec Sam et Hilel commençait à lui manquer.

— C'est d'accord. Je prends les commandes, mais je garde une commission. Je ne travaille pas pour des peanuts.

Personne ne chercha à négocier avec Jo. Et quand Samuel proposa d'acheter des biscuits Graham, du chocolat et des guimauves pour faire des S'mores aux gamins avec l'argent de la commission, tous trouvèrent l'idée emballante.

Le lendemain, les enfants faisaient de l'escalade quand Jo revint du village. Il ne s'était pas trompé sur son diagnostic. En effet, il souffrait d'une otite. Quand même importante. Le médecin lui avait prescrit des antibiotiques qu'il était allé se procurer à la pharmacie du village. Quand ils le virent, ses collègues ne se préoccupèrent même pas de son état de santé. En fait, ils ne pensaient qu'aux choses qu'il devait leur rapporter.

— As-tu acheté toutes les grignotines qu'on t'a demandées?

Jo s'était dit qu'il les ferait marcher pendant un moment en leur disant qu'il était revenu avec une maigre récolte, mais quand il vit à quel point les commandes étaient attendues, il s'empressa de les rassurer. Le sac que Jo avait rapporté était plein à ras bord. Les prochaines soirées s'annonçaient plutôt festives.

— Tu as le kit pour les S'mores? demanda Samuel.

— Oui, ne t'inquiète pas! Les enfants vont se régaler. Hé, Sam, tu sais ce que j'ai vu au village?

— Non, aucune idée !

— Roberge, notre prof d'histoire, sera en spectacle vendredi soir. Son groupe de musique, les Thunders, est en ville ! Il y avait des affiches partout dans le village. Ils sont là dans le cadre d'un festival. C'est dommage qu'on travaille. On aurait pu aller s'amuser un peu là-bas.

— Oui, Roberge est vraiment drôle. Je suis sûr que ses spectacles sont assez divertissants.

Ce soir-là, les enfants dégustèrent des S'mores autour du feu. Maintenant qu'Audrey les réussissait à la perfection, parce qu'elle suivait la technique que lui avait apprise Samuel, elle fit de nombreuses démonstrations. Les enfants rigolaient. Tous cherchaient à exécuter le plus formidable S'mores. Tommy, patient, appliqué, se montra à la hauteur du grand maître de la soirée en la matière : Samuel. Les délicieux biscuits qu'il réalisait faisaient l'envie des petits gourmands. Samuel se plaisait à regarder Tommy. Il s'était dit qu'il ferait tout en son pouvoir pour le rendre heureux. Il avait le sentiment d'y arriver. Cette réussite le galvanisait, le rendait fier de lui. Par contre, il éprouvait de la tristesse quand il songeait que le temps filait. Bientôt, Tommy retournerait chez lui. Hélas, les bons moments qu'il vivait à Terre d'Espoir seraient choses du passé. Cette perspective enrageait Samuel. Il voulait en faire encore plus pour Tommy. Alors que tout le monde rigolait, l'adolescent était plutôt songeur. Toutes sortes d'idées lui traversaient l'esprit. Plus tard, dans la soirée, sur le balcon du chalet, alors que les activités étaient terminées, Sam fit une proposition à ses deux meilleurs amis. Avant, il vérifia qu'ils étaient seuls, qu'ils n'allaient pas être dérangés par quiconque.

— Comme ça, Roberge s'en vient brasser la cabane à Saint-Adolphe-d'Howard ! J'ai pensé que nous pourrions faire vivre une expérience inoubliable à Tommy.

— Sam, je te vois venir…, dit Hilel en fronçant les sourcils. Tu veux qu'on emmène le petit là-bas ? C'est ça ?

— Pourquoi pas ? ! Tommy adore la musique. Probablement qu'il n'a jamais vu un groupe live.

— Les Thunders, c'est pas Imagine Dragons ! précisa Jo. Les trentenaires de la Rive-Nord. Il n'y a pas de quoi s'exciter.

— Ce n'est pas grave, répondit Sam avec conviction. C'est l'ensemble de l'événement. C'est ce qu'on lui permettra de vivre qui le fera rêver.

— Myriam ne nous laissera jamais partir avec un enfant pour une soirée, précisa Hilel. Jamais. Sam, tu le sais comme moi. Ça veut dire qu'il faudrait faire cette sortie en cachette. On a des enfants sous notre responsabilité. On ne peut pas faire ça. Ce n'est pas prudent. Je suis désolé, mais je n'embarque pas là-dedans. C'est peut-être parce que j'ai quatre petites sœurs. On m'a appris très tôt c'était quoi d'être responsable des petits.

— Sam, Hilel n'a pas tort, enchaîna Jo. Imagine si Tommy se blessait durant notre petite escapade. La direction du camp nous blâmerait. Et elle n'aurait pas tort. C'est sûr que Tommy vivrait une soirée de rêve. Les Thunders ne doivent pas être trop mauvais.

— Tout ce que vous me dites est vrai ! Je le sais, ce que je vous propose de faire est irresponsable. Mais je pense que Tommy est plus en sécurité avec nous qu'avec le chum de sa mère. Dans quelques jours, tout ce qu'il vit ici sera terminé. D'accord, j'ai entendu votre point de vue. J'abandonne. Vous m'avez convaincu.

Samuel, résigné, abattu, baissa la tête, puis rentra au chalet. Ses amis, dépités, restèrent dehors encore quelques instants. Ils savaient qu'ils avaient fait le bon choix. Mais ils étaient tristes tout de même. Ils craignaient que leur amitié avec Samuel s'étiole. Ils avaient l'impression qu'un fossé était en train de se créer entre eux. Les convictions de Samuel étaient fortes. Plus fortes que les leurs. Il était toujours prêt à agir. À mener des combats. À prendre des risques.

Samuel se tournerait-il vers d'autres personnes plus audacieuses ? Se lasserait-il d'essuyer continuellement des refus de leur part ? Jo et Hilel étaient déchirés. Samuel leur avait tant donné. Mais, en même temps, ils avaient le devoir de le raisonner, de le protéger.

La journée avait été lourde, à l'image de la température. Les nuages avaient pris d'assaut le ciel des Laurentides. À quelques reprises, les activités extérieures du camp avaient dû être interrompues en raison des fortes pluies. Samuel s'était refermé, déçu par l'attitude de ses deux meilleurs amis. Quand ils avaient essayé d'entamer une discussion avec lui, il les avait ignorés. Il leur en voulait. Il se sentait seul, abandonné. Il avait l'impression qu'il ne pouvait plus compter sur personne. Heureusement, il y avait Audrey. Mais il ne pouvait pas tout partager avec elle. En fin d'après-midi, elle vint le voir pour prendre de ses nouvelles. D'une certaine façon, il fut honnête avec elle.

— Ça va ! Mais je trouve ça plus difficile que je l'avais imaginé. Le travail ne me fait pas peur. J'ai de l'énergie et je suis prêt à m'investir. J'aime les enfants. Je m'attache. Je voudrais les aider, mais je me sens démuni.

Samuel lui parla de l'idée qu'il avait eue. Du refus qu'il avait essuyé.

— Sam, Jo et Hilel n'ont pas tort. Pourquoi ne vas-tu en parler à M. Rioux ? C'est un homme extraordinaire. Peut-être qu'il t'aidera. Mais, Sam, je t'en prie, ne fais pas de bêtises. Si tu enfreins les règlements du camp, tu ne seras pas plus avancé. Va voir M. Rioux. Je l'ai vu tantôt. Il était dans son bureau.

Après le souper, Sam prit son courage à deux mains. Il décida de suivre le conseil d'Audrey. M. Rioux parlait au téléphone quand l'adolescent cogna à sa porte. Décontracté, il lui fit signe d'entrer et de s'asseoir.

— D'accord ! C'est une excellente idée ! Les enfants seront très heureux ! Merci !

Le directeur raccrocha, puis il s'accouda sur son bureau. Son regard plongea dans celui de Samuel.

— Que puis-je faire pour toi, jeune homme ? Tu te plais ici ? Tu aimes toujours ton expérience ?

— Monsieur Rioux, je suis très heureux. Je tiens à vous remercier de m'avoir choisi. J'aime ce que je fais. Mais voilà, je me suis attaché à Tommy Auclair. Ce qu'il vit me révolte.

— Le petit Tommy ! Charmant ! C'est bien, ce que tu fais pour lui. Ne t'inquiète pas, Samuel, on s'occupe du dossier.

— Merci. Vous savez, son séjour à Terre d'Espoir lui permet de souffler un peu. Mais j'aimerais tellement faire plus pour l'aider. Je me suis promis que je ferais tout pour qu'il soit heureux, le temps qu'il est avec nous. Il adore la musique. Il chante merveilleusement bien. J'ai appris que le groupe de musique de mon prof d'histoire donnait un spectacle au village. Monsieur Rioux, ne vous fâchez pas, mais je voulais que Tommy puisse voir un vrai spectacle. J'avais l'intention d'enfreindre les règlements du camp. Je voulais l'emmener là-bas.

— Pourquoi n'as-tu pas mis ton plan à exécution ? demanda le directeur, calme.

— Mes amis sont plus sages que moi.

— Mais pourquoi es-tu si franc avec moi ?

— J'ai pensé que nous pourrions tous y aller. Nous pourrions faire une brève escapade au village. Tous les enfants, tous les animateurs. Nous pourrions faire vivre une expérience unique aux jeunes.

François Rioux se frotta les poils de barbe qu'il avait au menton avec un air songeur. L'idée que venait de lui soumettre Samuel n'était pas bête du tout.

— Le spectacle, c'est demain ?

— Oui, il y a des affiches partout au village.

— Samuel, j'aime ton idée. J'aime surtout ta franchise, ton implication. C'est grâce à des jeunes comme toi que je réalise mon rêve. Quand je rencontre des adolescents aussi sensés que toi, ça me donne le goût de rêver encore plus. Demain soir, on s'organisera pour que tous les enfants puissent aller voir ce spectacle.

— On ne sera jamais capables de tous les asseoir dans votre autobus.

— Ce n'est pas un problème. J'ai un ami dans la région qui a une compagnie d'autobus. C'est un homme de cœur. Il sera facile à convaincre. Samuel, tu peux retourner t'amuser avec les enfants.

Samuel était abasourdi. La réponse positive de François Rioux le remplissait de joie. Audrey, encore une fois, l'avait bien conseillé. Son amoureuse avait senti toute la bonté du jeune directeur. S'il s'en était tenu à sa première idée, Samuel aurait pu avoir de sérieux ennuis. Grâce à la sagesse de ses précieux amis, un grand événement était sur le point de se produire. Un événement auquel toute la famille de Terre d'Espoir participerait. Sam se sentait beaucoup plus léger. Tout de suite, ses amis et ses partenaires perçurent toute sa joie, lui qui avait été si renfrogné tout au long de la journée. Tous étaient contents de revoir l'enthousiasme dont il avait fait preuve depuis le premier jour. Sam aurait aimé annoncer la bonne nouvelle à ses camarades mais, par respect pour le propriétaire du camp, il préféra se taire.

— Je peux simplement vous dire que nous aurons bien du plaisir !

Le lendemain, après le dîner, François Rioux se pointa dans la cafétéria. Il prit un micro et demanda quelques minutes d'attention.

— Nous sommes à Terre d'Espoir. J'espère que vous aimez tous votre séjour jusqu'à maintenant. Ce soir, nous ferons quelque chose de différent. Nous prendrons tous l'autobus et nous irons au village festoyer. Une grande fête s'y tient. Il y aura des jeux gonflables, des saltimbanques, de l'animation. Nous assisterons même à un spectacle en plein air. Est-ce que c'est une idée qui vous plaît ?

— Oui ! répondirent les enfants en hurlant de bonheur.

Polis, ils remercièrent le directeur du camp. Humble, l'homme tint à préciser :

— À Terre d'Espoir, nous avons la chance de travailler avec des jeunes exceptionnels. Des animateurs convaincus ! Des idéalistes ! Je serai honnête avec vous. C'est grâce à l'un d'entre eux que vous irez là-bas. Samuel Laliberté, j'aimerais que tu te lèves.

Tous les regards se braquèrent sur l'adolescent. Surpris, gêné, Samuel fit ce que lui demandait le directeur.

— Hier, ce jeune homme est venu me voir, poursuivit François Rioux en pointant la main vers Samuel. Il m'a présenté cette idée. Je l'ai trouvée formidable. C'est lui que vous devez remercier. Pas moi!

Tous les enfants se mirent à scander le nom de l'initiateur. Pour conclure son intervention, le directeur, blagueur, fit plusieurs recommandations aux gamins, dont celle-ci:

— Gardez de l'énergie pour ce soir! Les Thunders sont en ville!

Tommy était aux anges. Son animateur, le sien, celui qu'il préférait, qu'il admirait même, avait eu l'idée de cette activité hors de l'ordinaire. Grâce à Samuel, il irait voir un vrai spectacle. Le premier auquel il assisterait. Il ne connaissait pas les Thunders, mais il s'en moquait. S'ils montaient sur une scène, c'était parce qu'ils étaient des professionnels.

Après le souper, quatre autobus scolaires attendaient les passagers. Comme de fait, François Rioux n'avait eu aucune difficulté à convaincre son ami. Le propriétaire des Autobus Séguin avait trouvé l'idée emballante. Ses employés les plus fiables s'étaient portés volontaires pour le transport des jeunes. Le village était en effervescence. C'était la première année que se tenait ce festival. Une idée du nouveau maire. Celui-ci faisait tout pour dynamiser le village. La majorité de ses citoyens saluaient ses initiatives. Bien sûr, il y avait toujours les rabat-joie, les tenants du statu quo et de l'inertie. Mais ils se faisaient plus discrets, car le nombre des supporters du maire ne faisait que croître.

Les enfants jubilaient devant les structures gonflables. Puisque le spectacle ne débutait pas avant 21 h, ils en profitèrent pour sauter, grimper, glisser... Samuel avait une idée en tête. S'il voulait qu'elle se réalise, il devait absolument parler à Frédéric Roberge, le leader du groupe. Derrière la scène sur laquelle les Thunders allaient jouer, il y avait une roulotte. Probablement le lieu où les artistes se préparaient avant la tenue du spectacle. Alors que Samuel pensait à ce qu'il allait faire, William comptait les enfants du groupe afin de s'assurer qu'ils étaient tous dans l'aire de jeu.

— William, j'ai quelque chose à faire. Est-ce que je peux te laisser seul avec les enfants ?

— Laliberté, en ce moment, tu es le dieu du camp. Tout le monde ne fait que parler de toi. Pendant que tu reçois des éloges de toutes parts, moi je me tape le sale boulot. Moi, j'ai l'air du gars ennuyant. Toi, on te voit comme un être altruiste, bourré de compassion. Je commence vraiment à en avoir assez.

— Je le sais, tu en fais beaucoup. Je te le promets... une dernière faveur. Après, tu me demanderas ce que tu veux.

— Des promesses, des promesses…

— Non, je suis sérieux. Fais-moi confiance. C'est quelque chose d'important.

— Fais ce que tu as à faire, mais je te préviens, le bouchon est sur le point d'exploser.

— Merci !

D'un pas alerte, Samuel se dirigea vers la roulotte. Assuré, il frappa à la porte de cette dernière. Un homme d'une quarantaine d'années, les cheveux ébouriffés, une cannette de Coke à la main, lui ouvrit.

— Les autographes, on les donne à la fin du spectacle, dit le musicien d'un air suffisant.

— Je ne veux pas votre signature.

L'homme sourcilla, comme s'il était froissé.

— Quoi ? On n'est pas assez *big* pour toi ? *Man*, on est des vedettes. On fait des tournées partout.

— Pas besoin d'essayer de m'impressionner. Je connais votre histoire. Le chanteur du groupe est mon prof d'histoire à l'Académie François-Patenaude. C'est un excellent professeur, mais c'est loin d'être une vedette. Sa signature, je l'ai dans mon agenda. Et je n'ai pas essayé de la vendre sur eBay. Je voudrais parler à M. Roberge.

— M. Roberge ?! On ne plaisante pas. J'en reviens pas ! M. Roberge ! Se faire appeler « monsieur », c'est loin d'être rock n'roll. Ton nom ?

— Samuel Laliberté ! C'est important !

— C'est mieux de l'être. Il n'aime pas trop qu'on le dérange avant un spectacle. Il est un peu comme Mick Jagger. Pour réussir à livrer une grande performance, un artiste a besoin de calme, de recueillement.

— Oui, oui. Est-ce que je peux le voir ? insista Samuel, dissimulant mal son impatience.

— Attends ici. Je vais voir s'il accepte de te rencontrer.

Trente secondes plus tard, Frédéric Roberge, souriant, sortit de la roulotte. Le professeur d'histoire en vacances était encore plus relax qu'à l'habitude.

— Salut, Samuel ! Comme ça tu as rencontré mon bassiste ? Méchant phénomène, hein ? Tu ne vois d'objection à ce que je te tutoie. On n'est quand même pas à l'école.

— Je préfère que vous me tutoyiez ici, répondit Samuel, content de voir son prof. Monsieur Roberge, je suis désolé de vous déranger avant votre spectacle. Votre bassiste m'a dit que vous aviez un rituel de préparation. Ou presque.

— Non, non, non ! Tu ne me déranges pas du tout. Mon bassiste dit n'importe quoi. Tu devrais entendre toutes les âneries qu'il peut débiter dans une journée. Non, Samuel, je suis content de te voir. Qu'est-ce que tu fais ici ?

De façon concise, Samuel raconta à Frédéric Roberge qu'il travaillait au camp Terre d'Espoir. Qu'il y était avec d'autres élèves de l'Acad', dont ses meilleurs amis. Le professeur écoutait avec grand intérêt. Même s'il pouvait parfois sembler obnubilé par sa passion pour la musique, il était loin d'être égocentrique. Il s'intéressait vraiment à ce que vivaient ses élèves. Ce qu'il entendait de la bouche de Samuel n'était pas banal. L'homme était impressionné par le dévouement des jeunes à qui il enseignait.

— C'est vraiment génial, ce que vous faites, Samuel. Tu dois être heureux. Tu es avec tes amis. Même avec ta blonde. Et tu travailles avec William Chabot ! Pas croyable ! À l'école, vous avez toujours l'air à couteaux tirés. En tout cas, ce que vous faites pour ces enfants, c'est génial.

— Merci, monsieur Roberge. C'est gentil, ce que vous dites. Là, ce soir, j'ai besoin de vous. Êtes-vous prêt à nous aider ? En fait, les Thunders sont-ils prêts à accomplir un geste d'amour, un geste de compassion.

— Bien sûr ! Les Thunders sont toujours là ! Surtout lorsqu'il s'agit de semer du bonheur.

François Rioux, qui était reconnu pour avoir des contacts un peu partout, s'était arrangé pour qu'on lui réserve un espace devant la scène pour les enfants de son camp. Bien placés, les jeunes spectateurs pouvaient voir aisément les membres des Thunders se trémousser sur la scène. La majorité des chansons qu'ils interprétaient leur étaient inconnues, mais ils s'en moquaient bien. « C'est de la musique pour les parents, plutôt pour les dinosaures. » Malgré cela, les enfants s'amusaient, se dandinant comme s'ils étaient des fans inconditionnels des Thunders. Après avoir joué une dizaine de chansons, le groupe prit une pause de quinze minutes. Quand il revint sur scène, Frédéric Roberge, le chanteur du groupe, la « méga » star, la légende de la Rive-Nord, prit le micro à deux mains et surprit tout le monde avec son annonce :

— Ce soir, nous avons la chance d'avoir dans l'assistance un chanteur de grand talent. Nous aimerions qu'il vienne nous rejoindre sur scène immédiatement. S'il vous plaît, accueillez chaleureusement Tommy Auclair. Tommy, allez, monte sur la scène.

Tommy était figé, stupéfié. Perplexe, il regardait discrètement autour de lui, ne sachant pas trop ce qu'il devait faire. « Est-ce qu'il parle de moi ? Est-ce qu'il existe une vedette qui a le même nom que moi ? » Quand Samuel lui tapota l'épaule, il comprit qu'il était véritablement celui que les Thunders attendaient sur la scène. Encouragé par ses amis et les animateurs du camp, le garçon, intimidé, les jambes flageolantes, rejoignit les musiciens trentenaires. Sympathique, Frédéric Roberge l'accueillit avec chaleur. Tout de suite, le chanteur observa des signes de nervosité chez le gamin. Son corps tremblotait, ses pieds s'agitaient, ses bras se contractaient. Tous ces yeux qui le fixaient faisaient battre son cœur à tout rompre. Sensible, Roberge fit quelques bonnes blagues pour tenter de calmer son invité.

— Comme ça, il paraît que tu te déplaces toujours avec ton guitariste ? Un certain Jonathan Caron.

— Euh… en fait, ce n'est pas vraiment mon guitariste… Je l'ai connu au camp. C'est un animateur.

— En tout cas, on m'a dit que vous formiez un duo du tonnerre. Penses-tu que vous pourriez nous jouer quelque chose ? Une toune de Imagine Dragons ? *Demons*, peut-être ?

— Euh… chanter ? Vous voulez que je chante ?

À cet instant, Jo s'avança sur la scène, une guitare en bandoulière. Son attitude un peu désinvolte était juste parfaite. Les jeunes de Terre d'Espoir l'accueillirent comme s'il était une rock star internationale.

— On va vous la jouer, cette chanson, affirma-t-il d'un ton très assuré.

Aussitôt que Jo gratta les premiers accords de la chanson, tous les spectateurs commencèrent à hurler. Les jambes de Tommy se mirent à trembler encore plus fort. « Je ne serai jamais capable ! Comment je vais faire ? » Mais dès que les premières notes sortirent de sa bouche, toute sa nervosité se volatilisa. C'était comme lorsqu'il chantait avec Maude après l'école, comme lorsqu'il était avec ses amis du camp. Tommy était heureux. Les spectateurs écoutaient attentivement, captivés, admiratifs devant un si beau talent. Une forte émotion s'empara de François Rioux. Pour lui, ces moments magiques n'avaient pas de prix. Le métier qu'il exerçait n'était pas facile. Pour que son camp puisse subsister année après année, il devait être imaginatif. Les fonds pour opérer un tel projet n'étaient pas faciles à obtenir. Les luttes qu'il menait étaient harassantes, ardues, mais il persistait. Le directeur puisait toute son énergie dans les moments comme celui auquel il assistait en ce moment. « Je me battrai toujours. Tout le monde a le droit au bonheur. Tout le monde ! » William, qui était debout à côté de Sam, appréciait le petit numéro, comme tout le monde. Il ne put s'empêcher de lancer :

— Bon travail, Samuel ! Tommy va s'en souvenir toute sa vie, de cette soirée !

— Je n'y suis pour rien, William…

— Ah ! C'est vrai, jamais tu n'aurais pu penser à organiser quelque chose comme ça, fit William, ironique. Laliberté, pas besoin de me raconter n'importe quoi. C'était vraiment bien pensé. Je suis sincère.

— Merci !

Après leur numéro, Tommy et Jo furent chaudement applaudis. Le bonheur qu'éprouvait Tommy se lisait dans ses yeux. L'enfant avait le sentiment que Samuel n'était pas étranger à tout ce qu'il avait la chance de vivre. Sans pudeur, il vint étreindre chaleureusement son animateur préféré, le jeune homme qu'il prenait pour modèle.

— Sam, tu es un frère pour moi !

Samuel comprit à cet instant que son pouvoir allait au-delà de ce qu'il croyait. La magie ne s'opérait pas seulement à travers Maître Sam. Il était capable de la créer au quotidien. Par des gestes sensés, des gestes d'amour et de compassion.

Ce soir-là, malgré tout le contentement qu'il ressentait, il ne dormit pas paisiblement. Des rêves étranges vinrent le perturber. Deux hommes perfides le traquaient. Pour les fuir, il courait mais, chaque fois qu'il croyait les avoir semés, ils réapparaissaient plus loin, plus menaçants. Samuel s'efforçait de voir leur visage, mais il en était incapable. Il ressentait une pression, comme si un étau se refermait sur lui. Le souffle lui manquait. Le matin, à son réveil, son chandail était trempé. L'adolescent avait l'impression d'avoir couru toute la nuit. Il tenta de son mieux de chasser ces images sombres de son esprit. L'évocation des événements de la veille l'aida un peu. Avant de quitter le chalet pour aller retrouver les gamins, Hilel fit une proposition à ses collègues :

— Ce soir, nous devrions manger des S'mores avec les enfants. Il ne nous reste plus beaucoup de temps à passer avec eux.

Tous les animateurs approuvèrent. Déjà, on avait hâte de se gaver de ces délicieux biscuits. Mais malgré tous les petits bonheurs qu'il se promettait d'offrir aux enfants avant leur départ, Samuel n'avait pas l'esprit tranquille. C'était comme si les cauchemars de la nuit avaient semé en lui une pointe d'inquiétude. Jo et Hilel, attentionnés, perçurent cette fine douleur chez leur ami.

— Tout va bien, Sam ?

— Oui, seulement une nuit agitée…

CHAPITRE 4

Tommy était sur le point de monter dans l'autobus scolaire. Son séjour au camp Terre d'Espoir avait été mémorable. Il aurait tant aimé qu'il se poursuive. Les dernières journées avaient été encore plus excitantes que les autres. Depuis qu'il avait chanté avec les Thunders, sa confiance en lui avait grimpé d'un cran. Il se sentait investi d'une grande puissance. En peu de temps, il était parvenu à créer un lien d'amitié avec les animateurs, mais surtout avec Sam. Jamais il n'oublierait la générosité de l'adolescent. Comme il avait rigolé avec lui ! Le dernier soir, Sam était monté sur scène. Pour le spectacle de clôture, il avait promis aux enfants qu'il danserait pour eux. Ce qu'il avait fait avec brio. François Rioux savait qu'il avait parmi ses employés un danseur de talent. Il avait décidé d'exploiter les habiletés de ce dernier pour amuser les enfants. « Samuel, tu danses comme un dieu. Myriam m'a montré des vidéos sur YouTube. J'ai su que tu allais danser pour le spectacle. C'est parfait ! Mais j'aimerais que tu fasses un numéro humoristique. Mon idée plaira aux petits. J'espère que tu n'as pas peur du ridicule… » Après avoir fait un numéro ahurissant, Samuel était allé se changer, puis il était remonté sur la scène, légèrement embarrassé. Il était méconnaissable. François Rioux avait trouvé dans le local de théâtre un costume de danseuse de french cancan. Sous sa longue robe rouge, Samuel portait un jupon. Les spectateurs, stupéfaits, ne l'avaient pas reconnu tout de suite. Quand ils avaient compris qu'ils avaient devant eux le grand danseur de hip-hop, ils s'étaient tous esclaffés. Samuel s'était prêté au jeu. Avec plaisir. Il savait bien qu'il ferait rigoler tout le monde. Et comment aurait-il pu refuser cette demande à François Rioux ? Après tout ce que celui-ci avait fait pour lui. Ce soir-là, le directeur avait ri aux larmes. Mais tous ces moments de grand bonheur faisaient maintenant partie du passé pour Tommy. Avant de grimper dans l'autobus, sans gêne, il enlaça son animateur.

— Merci, Sam ! Je t'aime de tout mon cœur. J'aimerais que tu sois mon frère.

Le petit pleurait à chaudes larmes, incapable de se contenir, l'émotion étant trop forte. Samuel réalisait à quel point Tommy tenait à lui. Il éprouvait un mélange de tristesse et de fierté. Ce qu'il était parvenu à créer entre eux était signifiant. Mais quand Sam se mettait à penser à la réalité dans laquelle le gamin replongerait, une vague de colère montait en lui. « Comment peut-on faire du mal à des enfants ? Le rôle des plus vieux n'est-il pas de les protéger ? Jamais je n'accepterai qu'on leur fasse du mal. »

Ainsi, Tommy repartit. Les heures qui suivirent son départ furent éprouvantes pour Samuel. L'adolescent passa un long moment avec Audrey. Puisque les nouveaux groupes n'arrivaient que le lendemain, les animateurs pouvaient se la couler douce. François Rioux leur avait dit de penser un peu à eux. Les deux amoureux se réfugièrent donc dans la forêt pour discuter de leur première semaine à Terre d'Espoir.

— Tu t'investis beaucoup, Sam. Penses-tu tenir le coup ? Tu t'en demandes beaucoup, peut-être trop.

— Peut-être… Mais avec Tommy, c'était différent. Il vient d'un milieu tellement dur. Tellement loin de notre réalité. Les inégalités sociales créent des drames épouvantables. Tommy n'est pas responsable de ce qu'il vit, de ce qu'il doit endurer. Je n'ai pas l'impression que nos dirigeants actuels sont sensibles à cette réalité. Si je le pouvais, je lui rendrais la vie plus facile, à Tommy. Si je le pouvais…

— Que veux-tu dire par là ? demanda Audrey, curieuse.

— Rien… Et toi, comment as-tu trouvé ta première semaine ?

Les amoureux discutèrent pendant de longues minutes. Ils étaient tous les deux reconnaissants envers François Rioux. La confiance que leur témoignait l'altruiste homme d'affaires leur donnait encore plus de motivation. Avant de retourner auprès des autres, ils se promirent qu'ils iraient à la cabane dès leur retour à Beauchêne. Une soirée à regarder un ciel étoilé, collés l'un contre l'autre. Ces moments d'intimité commençaient à leur manquer.

Le lendemain, avant que les nouveaux groupes arrivent, Myriam apporta quelques modifications dans la composition des équipes. Samuel ne fut pas déçu d'apprendre qu'il changeait de coéquipier. William n'avait pas été désagréable. Il avait même été assez bon. Sam avait apprécié le dévouement qu'il avait mis au travail. Bien sûr, William n'avait pas pu s'empêcher de faire quelques remarques désobligeantes sur certains enfants plus fragiles que d'autres. Mais bon ! En gros, il n'avait pas été si méchant. Cependant, William Chabot demeurait William Chabot. Un individu aussi égoïste ne pouvait changer aussi radicalement en une semaine. C'était impossible. Enfin, Sam fut bien content d'apprendre qu'il travaillerait avec Jo pour la prochaine semaine. William, étrangement un peu froissé, lui dit :

— Laliberté, j'imagine que tu es à l'origine de ces changements. Tu es allé pleurer dans le bureau de M. Rioux. Tu profites de sa mollesse pour faire ce que tu veux. Ça paraît qu'on n'est pas à l'Acad'. Ça va te faire du bien de retrouver Labri fin août. Lui, il va t'attendre de pied ferme.

— Mais qu'est-ce que tu racontes ? Tu délires ! Je n'ai rien à voir là-dedans. Il faut toujours que tu voies le mal partout. Je n'avais aucun problème à travailler avec toi. Au début, tu le sais, ça ne faisait pas mon affaire. Mais je dois l'admettre, tu as fait du bon travail. On formait une bonne équipe. Je commençais même à te trouver sympathique. Il faut croire que tu es né pour te faire des ennemis. Tu gâches tout.

— Tu essaies de te défiler. Je suis sûr que tu es allé te plaindre dans le bureau du directeur.

— Tu peux penser ce que tu veux. Comme dirait ma grand-mère, ça me passe dix pieds par-dessus la tête !

Sam s'était mis au travail, heureux de partager ses journées avec Jo. Les deux adolescents se complétaient à merveille. William avait été un bon partenaire dans les circonstances mais, avec Jo, tout était si simple. Une semaine et demie après le départ de Tommy, Myriam Beauséjour, la coordonnatrice du camp, vint voir Samuel. Jo et lui étaient en train de raconter à des enfants une histoire abracadabrante quand elle lui dit qu'elle souhaitait lui parler.

— Tu as eu un téléphone. Le petit Tommy ! Il veut absolument te parler. En temps normal, on lui aurait dit que tu n'étais pas disponible. Mais il est si persuasif. Il tient vraiment à te parler. Et compte tenu du lien que tu as établi avec lui, on lui a dit que tu le rappellerais. Quand tu auras deux minutes, peux-tu lui donner un coup de fil ? Il serait super content que tu l'appelles.

Myriam remit à Sam un bout de papier sur lequel était écrit le numéro de téléphone du petit Tommy. Sam ne s'attendait pas à cela. Il pensait fréquemment au garçon, mais jamais il ne se serait attendu à ce qu'il lui téléphone. Il était heureux, mais en même temps inquiet. Pourquoi Tommy voulait-il lui parler absolument ? Le chum de sa mère avait-il été méchant avec lui ? Sam termina son animation et demanda à Jo s'il pouvait s'absenter quelques minutes. Son ami lui répondit qu'il n'y avait aucun problème. Samuel alla dans un des locaux du chalet d'accueil pour faire son appel. Quand il entendit la voix de Tommy, une vive émotion s'empara de lui.

— Comment vas-tu, bonhomme ? J'espère que tout va bien.

— Ça va plutôt bien ! Je n'ai pas vu Laurent depuis mon retour. Ma mère m'a dit qu'il était parti se chercher un travail. Il peut bien chercher pour les vingt prochaines années. Son absence ne me fait pas pleurer.

— Tant mieux ! Je suis content d'avoir de tes nouvelles. Pourquoi as-tu insisté pour me parler ?

— Dans mon quartier, à la maison du Dr Julien, il y aura une grande fête. Des écrivains viennent nous présenter leurs livres, puis ils viendront jouer avec nous. C'est une journée vraiment spéciale ! Les intervenants nous ont proposé quelque chose de vraiment intéressant. Ils veulent qu'on leur présente quelqu'un qui est significatif, quelqu'un d'important pour nous. J'ai pensé à toi. Pourrais-tu venir ?

— Ça me ferait plaisir, répondit Samuel, profondément touché par le geste de Tommy. Quand a lieu cette activité ?

— Dans deux jours !

— Dans deux jours ! répéta Samuel. C'est un peu compliqué. C'est difficile de me libérer de mon travail.

— S'il te plaît, Samuel. Tu peux sûrement demander à M. Rioux. Il est tellement gentil. Je suis sûr qu'il acceptera.

— Tommy, j'en parle à M. Rioux. Je ne te promets rien. Mais je vais essayer. Peu importe la réponse que j'obtiendrai, je t'appellerai pour te tenir au courant. C'est d'accord ?

— Il faut vraiment que tu viennes. Sinon je n'aurai personne. Je veux te présenter à mes amis et aux intervenants.

Samuel raccrocha, le cœur gros, plein d'appréhension. M. Rioux serait-il aussi compréhensif ? Accéderait-il encore à sa demande ? Ne trouverait-il pas que Samuel en demandait un peu trop ? Celui-ci n'avait pas grand temps pour y penser. S'il devait agir, c'était immédiatement. L'activité était dans deux jours. Il n'était pas question de lambiner. Quand il sortit du local, Samuel croisa François Rioux. Tout de suite, le propriétaire du camp prit de ses nouvelles.

— Tout va bien, mon cher Samuel ?

— Oui, répondit Sam, sans trop de conviction.

— Tu en es sûr ? Tu as l'air songeur. Est-ce que je peux t'aider ?

— En fait, je viens de parler avec Tommy.

— Ah, tu as eu le temps d'appeler ! Parfait ! Myriam et moi en avons discuté. Nous avons pensé que c'était correct que tu lui parles. Il va bien ?

— Oui, très bien ! Le chum de sa mère a disparu mystérieusement. Il serait parti chercher du travail, selon la mère.

— Tommy sait ce qu'il veut. Au téléphone, il a servi des arguments de taille à Myriam. Pourquoi voulait-il te parler au juste ?

— Il aimerait que je vienne le voir. À la clinique du Dr Julien, une grande fête a été organisée. Des auteurs jeunesse viennent rencontrer les enfants du quartier. C'est sur le thème des grandes rencontres. Les gens significatifs. Tommy aimerait que j'y sois. Mais c'est après-demain, et je travaille, j'ai des responsabilités ici. En même temps, il serait tellement content que je participe à cette activité…

— Sam, je peux te donner un petit congé. Tu fais un travail remarquable. Par contre, il faudra que je parle à tes parents. Je ne peux pas te laisser quitter le camp sans leur autorisation. Et tu devras te débrouiller pour le voyagement. Notre chauffeur ne retourne pas en ville avant quatre jours. Tes parents devront venir te chercher. Pour revenir, tu pourras prendre l'autobus avec les nouveaux arrivants. Qu'en penses-tu ?

— Monsieur Rioux, vous êtes un homme formidable !

— Il ne faudrait pas trop ébruiter cette histoire. Je compte sur ta discrétion. Nous dirons qu'une situation inattendue s'est produite dans ta famille. Rien de grave. Il ne faut pas non plus que les autres animateurs s'inquiètent.

Samuel lui était reconnaissant. Maintenant qu'il avait le feu vert de François Rioux, il lui suffisait de convaincre ses parents. Il réussit à les joindre sans difficulté. Ils se prélassaient sur le bord de la piscine alors que sa sœur sautait sur le trampoline quand le téléphone sonna. Mylène et Daniel étaient excités de parler à leur fils. Samuel leur manquait. Quand ils l'avaient vu quitter la maison au début de l'été pour aller à Terre d'Espoir, ils étaient loin d'imaginer à quel point son absence leur pèserait. Ils avaient hâte de le revoir. Lorsque Samuel leur parla du congé qu'il venait d'obtenir, ils sautèrent de joie.

— Ça tombe bien ! Grand-papa Claude et grand-maman Murielle viennent nous rendre visite demain. Ils iront te chercher. Saint-Donat, ce n'est pas loin de Saint-Adolphe. On t'attend, mon grand. On t'aime fort.

Par chance, les animateurs ne cherchèrent pas trop à connaître les raisons du départ de Samuel. Bien sûr, ses bons amis le talonnèrent un peu plus que les autres. Sam leur dit la vérité. Jo et Hilel eurent un mauvais pressentiment.

— Sam, tu devrais prendre tes distances. C'est gentil, ce que tu fais pour le petit Tommy. Mais si, par malheur, tu tombes sur le chum de sa mère, tu pourrais agir sans trop réfléchir. Ce que Tommy vit te heurte profondément. Sam, il faut que cette rencontre soit la première et la dernière.

Promets-le ! M. Rioux te l'a dit. Il a fait ce qu'il fallait. Les gens de la DPJ vont s'occuper de lui. Tommy n'est pas seul. Le Dr Julien est là. Des intervenants compétents veillent sur lui.

Sans trop de conviction, Sam fit une promesse à ses deux meilleurs amis. Franchement, serait-il capable d'abandonner Tommy ?

— Les gars, ne vous en faites pas. La brute semble avoir disparu. Bien sûr, la vie de Tommy ne peut être parfaite, mais elle sera déjà beaucoup mieux sans la présence de ce malade.

Toutefois, Hilel et Jo avaient des doutes.

— Rien ne nous dit qu'il ne reviendra pas. Il pourrait ressurgir dans sa vie à tout moment. Cet homme-là n'est pas équilibré.

Ce que Jo et Hilel affirmaient était sensé. Sam en était conscient, mais il persista.

— Cessez de vous inquiéter. Tommy a juste besoin d'une personne significative pour cette journée spéciale.

Le lendemain, les grands-parents de Sam arrivèrent à Terre d'Espoir tôt dans la matinée. Ils étaient contents de voir la jeunesse s'amuser dans la nature.

— Cela nous rappelle le bon vieux temps, dit grand-maman Murielle. Nous en passions, des heures, à jouer dans la forêt. Hélas, de nos jours, bien des enfants n'ont pas la chance de se connecter à la nature.

Sur la route les menant à Beauchêne, Sam et ses grands-parents parlèrent de tout et de rien. De l'été exceptionnel, des nombreux festivals dans la province, des nouvelles restrictions budgétaires annoncées par le gouvernement fédéral, des moyens de pression exercés par les policiers, etc. Sam profita également du temps dont il disposait pour faire un peu de lecture. Sur la banquette arrière traînait le journal *La Presse* de la veille. Un article attira son attention. Le journaliste faisait état des actes de violence commis contre la communauté haïtienne à Montréal depuis quelques jours. « Hier, un temple vaudou a été incendié. Un endroit sans histoire. Un lieu de culte fréquenté par de nombreux Haïtiens. Il y a deux jours, un restaurant a été vandalisé. La communauté haïtienne commence à s'inquiéter, avec raison. » Sam n'aimait pas ce qu'il lisait. Pourquoi soudainement la communauté haïtienne était-elle la cible de vandales ? Se pouvait-il qu'il soit, d'une certaine façon, à l'origine de cette nouvelle violence ? Certaines personnes qu'il avait envoûtées cherchaient-elles à se venger ? Sam se promit de lire sur Internet, en arrivant à la maison, tout ce qui avait pu être écrit sur le sujet pour tenter d'en savoir un peu plus sur cette vague de violence.

Sa famille était heureuse de le revoir. Sa sœur avait même refusé une invitation aux glissades d'eau pour passer du temps avec son grand frère. L'éloignement a la propriété de créer des rapprochements. Ses parents le mitraillaient de questions. Même si Samuel leur avait parlé à quelques reprises depuis qu'il était à Terre d'Espoir, ils voulaient savoir tout ce qu'il faisait. Tout ! Ils écarquillèrent les yeux lorsqu'il leur apprit qu'il avait travaillé avec William Chabot.

— On a travaillé ensemble pendant une semaine !

— Je comprends pourquoi le camp s'appelle Terre d'Espoir ! s'exclama Daniel. Le directeur veut vraiment changer le monde !

Ils n'oublièrent pas de prendre des nouvelles de ses deux meilleurs copains. Mais ils voulaient surtout savoir comment se portait Audrey.

— Elle ne trouve pas ça trop difficile ? demanda Mylène. Elle nous manque.

Les grands-parents étaient contents d'apprendre que Samuel avait une amoureuse. Murielle, qui, durant le congé de Noël, avait soulevé l'hypothèse d'un amour naissant, voulait en savoir plus.

— Audrey. Quel joli nom ! Je suis sûre qu'elle est ravissante. C'est la fille avec qui tu es allé faire de la raquette cet hiver ? Vous pourriez venir à Saint-Donat cet été. Tu conduis le ponton depuis des années. Vous passeriez du bon temps. On vous préparerait un bon souper.

Grand-mère Murielle avait un sens de l'hospitalité hors du commun. Elle aimait rendre les gens heureux. Sa générosité était sans limite.

— C'est une excellente idée ! Je lui parle souvent de grand-papa et de toi. Elle aimerait bien vous rencontrer.

Pour le retour de leur fils, Mylène et Daniel voulaient faire les choses en grand. Ils préparèrent un barbecue du tonnerre. Des côtes levées servies avec des légumes marinés. Samuel mangea avec appétit et gourmandise. Pas que la nourriture à Terre d'Espoir fût mauvaise, mais elle ne pouvait pas rivaliser avec celle que préparaient ses parents. Ce soir-là, Samuel se coucha repu. Il avait peut-être un peu trop mangé.

Le lendemain, vers l'heure du dîner, son père l'emmena à la station de métro Montmorency. Samuel tenait à se rendre à la clinique du Dr Julien par le transport en commun. Daniel avait insisté pour conduire son fils jusqu'à Montréal, mais celui-ci lui avait fait comprendre qu'il voulait s'organiser par lui-même.

— En tout cas, je peux aller te chercher quand ce sera fini. J'ai une petite journée. On pourrait aller manger ensemble à Montréal. Un nouveau restaurant vient d'ouvrir dans le centre-ville.

— Papa, j'ignore à quelle heure se terminera cette activité. On verra plus tard.

Samuel n'était pas très habitué au métro. Il le prenait seulement à l'occasion pour aller voir les Alouettes de Montréal, son père étant un fan de l'équipe. Ou pour faire sa visite annuelle au salon du livre. Le trajet le menant à sa destination se fit sans anicroche. Aucune panne de service. Par chance, car il ne voulait pas être en retard. Samuel marcha pendant une bonne dizaine de minutes avant d'arriver dans la ruelle où se trouvait la clinique du Dr Julien. Le quartier montrait d'évidents signes de pauvreté. Il était bien différent du sien.

Tommy se précipita sur lui quand il arriva. Il portait fièrement le chandail du camp Terre d'Espoir.

— Salut, Sam ! Tu as remarqué que je portais mon chandail du camp ? Je le mets tout le temps. Ma mère me répète tous les matins de changer de chandail. Elle me dit que les gens vont penser qu'on est pauvres. Moi, je lui réponds qu'on l'est, de toute façon.

Tommy s'esclaffa. Son rire était franc et honnête. Il semblait heureux. Samuel était content de le voir aussi souriant. Les auteurs avaient organisé des activités pour amuser les enfants. L'un d'entre eux enseignait des figures de yoyo. Un autre forma deux équipes pour jouer une partie de hockey. Sam et Tommy participèrent à toutes les activités. Au hockey, ils réussirent à déjouer le gardien adverse à deux reprises, permettant à leur équipe de remporter la partie. Au yoyo, ils obtinrent un peu moins de succès. Le jeu n'était pas facile. Ils parvinrent tout de même à faire dormir le petit objet circulaire. Au moins ça ! Il devait être 14 h quand l'organisatrice de l'événement, l'auteure Chloé Varin, prit la parole :

— D'abord, je tiens à vous remercier d'être venus aujourd'hui. Merci aux auteurs pour leur grande générosité. Maintenant, j'aimerais que les enfants viennent nous présenter, à tour de rôle, leur invité. Leur personne significative.

Tommy, sensible, fit une présentation touchante. Ému, Samuel avait de la peine à retenir ses larmes.

— Je vous présente Samuel Laliberté. Je ne le connais pas depuis très longtemps. On s'est connus à Terre d'Espoir. Samuel a seize ans. Il s'en va en secondaire 5. C'est un adolescent qui a des idéaux. Ça veut dire qu'il aimerait que le monde soit plus juste. Samuel pourrait bien vivre sa vie normalement, sans se soucier des autres. Il dit qu'il fait partie des gens privilégiés de la société. Mais non ! Il aime aider les autres. Il porte une bague sur laquelle apparaît le nombre 49. Un bijou magnifique que son père, son grand-père et son arrière-grand-père ont porté avec dignité. Cette bague montre qu'il est quelqu'un d'important. Quelqu'un qui fera sa marque. Moi, j'aimerais ça, être un jour comme Samuel. Grâce à tout ce que fait pour nous le Dr Julien, je pense que je peux y arriver.

Tout le monde était saisi par la brillante éloquence de Tommy. Les intervenants, les auteurs, les enfants, les parents présents. S'il avait été là, le Dr Julien aurait probablement été ému d'entendre un témoignage aussi inspirant.

— En plus, Samuel est un super bon danseur. Je suis sûr qu'il pourrait nous faire une petite démonstration.

Samuel ne pouvait refuser cette demande. Quand la musique débuta, il se mit à danser, comme lui seul savait le faire. Avec son style bien unique. Les nouveaux mouvements qu'il avait inventés dernièrement éblouirent les gens. Plusieurs d'entre eux n'avaient jamais vu un danseur aussi talentueux. Tout de suite, les intervenants virent dans la danse hip-hop un moyen de motiver les enfants qu'ils rencontraient au centre.

— Cette danse est extrêmement vivante, dit l'un d'eux. Très actuelle. Les enfants pourraient y puiser une énergie, une inspiration. Il faut absolument intégrer une activité de danse hip-hop dans notre programmation automnale.

Après le spectacle, les enfants se ruèrent sur Samuel, papier à la main. Tous voulaient un autographe du talentueux danseur. Les activités se poursuivirent dans le bonheur jusqu'au moment où Laurent Bolduc vint gâcher la fête. Samuel ne le vit pas s'approcher de Tommy, car il était occupé à parler avec un intervenant. Bourru, l'homme prit le gamin à l'écart. Il était en colère.

— Où est ta mère ? J'arrive de l'appartement. Il n'y a rien dans le frigo. Toi, qu'est-ce que tu fais ici ? Encore des niaiseries organisées par le Dr Julien.

Samuel, qui venait de terminer sa discussion avec l'intervenant, se mit à la recherche de Tommy. Il commença à s'inquiéter, car il ne le trouvait pas. Son inquiétude monta d'un cran quand un enfant lui dit :

— Son beau-père vient d'arriver. Il a emmené Tommy avec lui. Je pense qu'ils sont dans la rue.

Au pas de course, Sam sortit de la ruelle. Comme de fait, Tommy et Laurent étaient sur le trottoir. L'homme, toujours en furie, fusillait le gamin du regard en lui serrant fortement le bras. Aussitôt, Sam sentit la colère gronder en lui. Mais il parvint à la contenir. Toujours d'un pas rapide, il s'avança vers eux.

— Tommy, tu es là ! Je te cherchais partout. Vite, les activités vont reprendre d'une minute à l'autre.

— Laurent, lâche-moi le bras ! Je veux retourner jouer avec mes amis.

— Non, c'est fini ! Tu viens avec moi. On a des choses à faire.

— Monsieur, lâchez-lui le bras. Vous lui faites mal !

Laurent tourna la tête en direction de Samuel. Visiblement, il n'appréciait pas le ton que venait d'employer l'adolescent. Ses yeux rougis probablement par le manque de sommeil s'écarquillèrent.

— Tu ne me diras pas comment élever mon garçon, petit blanc-bec.

— Votre garçon ? ! Que je sache, il n'est pas votre fils. Même s'il l'était, on ne traite pas les enfants de cette manière. Ne le touchez pas ! Sinon j'appelle la police.

Laurent émit un long soupir de rage. Il se calma quand il entendit la voix d'un ami, un homme qui ne semblait pas plus recommandable que lui.

— Hé, Laurent ! Ça fait deux semaines qu'on te cherche. On commençait à s'inquiéter. As-tu recommencé à travailler ?

Laurent changea d'expression. Il lâcha le bras de Tommy et se mit à jaser avec son ami. Il lui raconta qu'il était allé voir son frère au Saguenay. Ce qui était faux. Laurent avait plutôt passé les derniers jours à faire la fête avec ses ivrognes de copains. Samuel et Tommy profitèrent de cette diversion pour s'éloigner des deux hommes. Samuel regarda le bras de Tommy. Il était rouge à cause de la pression qu'y avait exercée Laurent.

— Moi qui croyais qu'il était parti à tout jamais... Je me suis trompé. Ma mère et moi ne serons jamais tranquilles. Il va finir par nous...

— Non ! Il ne vous fera plus jamais de mal. Fais-moi confiance. As-tu une clé ?

— Une clé ?

— Une clé pour entrer chez toi. Tu dois bien en avoir une.

— Oui. Ma mère m'en laisse toujours une quand elle travaille. Comme aujourd'hui.

— Donne-moi cette clé !

— Pourquoi ?

— Vite ! Fais-moi confiance. Donne-moi cette clé. Et ne pose pas de question. Je la laisserai sur un meuble de ta chambre. Dis-moi aussi ton adresse. Vite, Laurent aura bientôt fini sa petite discussion.

Tommy remit la clé à Samuel et lui donna son adresse.

— C'est facile. C'est à deux pas d'ici.

À peine trente secondes plus tard, Laurent était de retour.

— J'espère que tu cherchais pas à te sauver avec Tommy. C'est peut-être pas mon fils, mais j'ai des droits sur lui. Je paie tout !

— Même pas vrai ! cria Tommy. Tu es un lâche. Ma mère se crève au travail. Toi, tu passes ton temps à flâner, à perdre ton temps, à critiquer la société, à me traiter de pas bon.

— Veux-tu bien te la fermer, petit morveux ? ! Ça paraît que j'ai été absent pendant un petit bout de temps. Tu vas avoir besoin de corrections.

— Monsieur, regardez-moi bien ! intervint Samuel. Ne posez plus jamais la main sur ce garçon. Vous pourriez le regretter. Je suis très sérieux.

L'homme s'esclaffa et regarda Samuel d'un regard méprisant.

— Tu oses me menacer ? ! Retourne dans ton beau quartier. C'est pas ta place ici. Je le vois tout de suite à ton allure. Tu portes des vêtements que personne ici peut se payer. Viens pas nous faire la morale. Dégage, pauvre imbécile. Les enfants de ce quartier ont pas besoin de toi. Tu représentes tout ce qu'on déteste.

— Ce n'est pas vrai ! grogna Tommy.

— Monsieur, vous me désolez, enchaîna Samuel, flegmatique. Vous faites pitié. Je pense plutôt que les jeunes n'ont pas besoin d'un homme comme vous dans leur entourage. Bientôt, vous ne serez plus ici, croyez-moi.

Samuel et Laurent s'affrontèrent du regard. L'adulte fut le premier à baisser les yeux, comme s'il avait perçu une force inquiétante dans ceux de l'adolescent.

— Tommy, suis-moi ! Je ne veux plus te voir traîner ici avec ce jeune insolent. M'as-tu compris ?

Laurent empoigna l'enfant par le bras et le tira vers lui. Samuel plongea son regard dans celui de Tommy. Un regard franc, empreint de tendresse et de courage. Le petit n'offrit aucune résistance à son beau-père. Il savait que Samuel veillait sur lui. Qu'allait-il faire ? Il l'ignorait, mais il avait la ferme conviction que son ami avait un bon plan en tête. Samuel ne perdit pas un seul instant : il courut jusqu'à l'appartement. Au troisième étage d'un vieil édifice, il ne fut pas difficile à trouver. Samuel ouvrit la porte et entra dans le modeste logement. L'ameublement et la décoration étaient simples. La mère de Tommy devait tenir à ce qu'elle possédait. Tout était propre et soigneusement rangé. « Vite ! Je devrais bien trouver un cheveu appartenant à ce sinistre individu. » Samuel entra dans la salle de bain. Dans un tiroir, il mit la main sur une brosse à cheveux. En l'examinant, il en conclut qu'elle appartenait à la mère de Tommy. Les cheveux qu'il en retira étaient longs et blonds. « Je devrais plutôt regarder dans la chambre à coucher. Je ne trouverai rien dans la salle de bain. Ce type ne doit pas se brosser les cheveux. Il est si négligé. »

Samuel sortit de la pièce. Au même moment, la porte de l'appartement s'ouvrit.

— Tommy, maudite tête de linotte ! Tu n'as pas barré la porte quand tu es parti aujourd'hui ! As-tu quelque chose entre les deux oreilles ? Il était temps que je revienne. On jurerait que tu me pousses à te faire du mal.

— Laurent, la porte, je l'ai fermée. C'est toi qui as oublié. Tantôt, tu me l'as dit, que tu étais passé à l'appart avant de venir chez le Dr Julien.

— Es-tu en train de me dire que je suis un irresponsable ? Tu vas le regretter, mon petit mau... Je te l'ai dit, que c'était une mauvaise idée de traîner avec des petits snobs.

Les yeux exorbités, Laurent saisit le bras de Tommy. Son autre main s'ouvrit. Il la leva lentement, grognant comme un animal. Au moment où il voulut frapper l'enfant, Samuel bondit sur lui, tel un prédateur enragé.

— Ne le touche pas ! hurla-t-il.

Laurent fut surpris par l'attaque de Samuel. Il tomba à la renverse et se cogna la tête contre la table du salon. Même s'il était ébranlé, il voulut se relever en vitesse pour corriger celui qui l'avait attaqué. Mais il en fut incapable. Aussitôt qu'il bougeait un peu, une douleur intense le prenait au bas du dos. Il était à la merci de Samuel. L'adolescent, furieux, le cœur battant à tout rompre, lui lançait des regards hostiles.

— Qu'est-ce que tu fais dans notre appartement ? Je comprends maintenant pourquoi les riches sont si puissants. Ils volent les pauvres. Voleur, sors d'ici. Sinon j'appelle la police.

— Appelle-la ! Je pourrai enfin leur dire ce que tu fais à Tommy. Les policiers ne sont pas tendres avec les lâches comme toi.

— Fous le camp tout de suite ! Si j'arrive à me lever, tu sortiras pas d'ici vivant.

Samuel, les poings fermés, les muscles contractés, la bouche crispée, s'avança vers Laurent. Pour la première fois, l'homme tressaillit. Il était convaincu que l'adolescent le rudoierait. Celui-ci avait du mal à se contrôler. Il avait une envie folle de tabasser cet individu médiocre. Mais, soudain, il pensa à son arrière-grand-père Édouard. À ce qu'il lui avait dit le jour où ils avaient fendu du bois. « Frapper, c'est à la portée de tous. Tu es plus fort que ça, Sam. » Grand-père Édouard avait raison. Au lieu d'utiliser ses poings, Samuel prit la casquette que Laurent portait. Une vieille casquette sale à l'effigie d'une compagnie de bière bon marché.

— Tu te dégonfles ? T'as la trouille, petit morveux ? Redonne-moi ma casquette !

— Non ! Je la garde. Sûrement pas parce qu'elle est belle. Au contraire, elle me dégoûte, comme toi.

Samuel, inébranlable, fort, confiant, s'agenouilla auprès de l'homme sans défense.

— Regarde-moi bien dans les yeux. Je t'ai prévenu. Tu ne m'as pris au sérieux. Tu le regretteras. Bientôt ! Très bientôt ! Je t'aurai à l'œil. Crois-moi, tu devrais quitter cet endroit à tout jamais. Ce qui t'attend sera difficile à endurer.

Laurent était subitement déstabilisé. Jamais un adolescent ne lui avait parlé avec autant d'assurance et d'autorité. Il faisait de son mieux pour ne rien laisser paraître de son malaise, mais ce n'était pas facile. Samuel le contrôlait. Une force difficilement descriptible se dégageait de lui. Calmement, Samuel se releva et se retourna vers Tommy. Le garçon semblait stupéfait, complètement subjugué.

— Tommy, je dois y aller. Fais-moi confiance. Bientôt, tu n'auras plus rien à craindre. Cet homme ne viendra plus empoisonner ton existence. Je te le promets.

— Sam, ne pars pas. S'il te plaît, reste avec moi. Il va recommencer. Aussitôt qu'il sera capable de se lever, il va se remettre à faire la loi.

— Tommy, ne t'inquiète pas.

Avant de partir, Samuel posa une drôle de question à Laurent :

— Laurent, as-tu un compte Facebook ?

— Oui, j'en ai un, répondit l'homme en grognant. Pourquoi me demandes-tu une question aussi stupide ? Tu veux être mon ami maintenant ?

— Non, surtout pas ! Je veux juste ta photo. Elle me sera utile. J'ai des projets pour toi. En passant, ne dépense pas tout ton argent. Tu en auras sûrement besoin bientôt. Mais pas pour jouer aux loteries vidéos !

Quelques instants plus tard, Samuel étreignit tendrement Tommy, puis il sortit de l'appartement, la casquette de Laurent à la main. Il marcha jusqu'à la station de métro, accablé. Jamais il n'avait vu quelqu'un battre un enfant. S'il n'était pas intervenu, Laurent aurait donné une raclée à Tommy. Sam devait agir vite. Laurent ne serait pas éternellement immobilisé. Même s'il avait semblé ébranlé par ses menaces, il ne tarderait pas à répandre la violence qu'il avait en lui. Cet homme était malheureux, aigri, amer. Il déversait toute sa colère, toutes ses fautes sur des gens plus faibles que lui. Samuel réalisait à quel point il était chanceux. Ses parents étaient présents, aimants. Autour de lui, il y avait un tas d'adultes significatifs. Heureusement, Tommy avait sa mère et les intervenants qu'il voyait au centre du Dr Julien. Sans eux, qu'aurait-il fait ?

Avant d'entrer dans le métro, Samuel regarda l'heure à sa montre. L'après-midi tirait à sa fin, mais il avait suffisamment de temps devant lui pour aller faire certains achats. Il se souvint d'une conversation qu'il avait eue avec Yveline Toussaint. Curieux, il lui avait demandé où elle se procurait les herbes qu'elle utilisait pour fabriquer les poupées. À la blague, la vieille dame lui avait répondu : « Chez Botanix ! » Plus sérieusement, par la suite, elle lui avait parlé d'une boutique vaudou dont le propriétaire était un ami de longue date. Une boutique située à Montréal-Nord, d'après ses souvenirs. Samuel sortit son iPhone et fit une rapide recherche sur Internet. En effet, il trouva une boutique vaudou rue Monselet. Était-ce celle que fréquentait Yveline ? Samuel l'ignorait. Mais il s'en moquait. Il avait une seule idée en tête : trouver au plus vite les choses dont il avait besoin pour fabriquer une poupée.

Samuel descendit les marches le menant au quai du métro, impatient de monter dans la prochaine rame. Il n'eut aucune difficulté à trouver la boutique de la rue Monselet. Quand il en poussa la porte, une jeune femme d'origine haïtienne, assise derrière la caisse, leva la tête. Avenante, elle lui fit un sourire éclatant.

— Bonjour, jeune homme ! Que puis-je faire pour vous aujourd'hui ? Cherchez-vous quelque chose en particulier ?

— Je viens surtout pour acheter des herbes.

Samuel lui tendit un bout de papier sur lequel il avait noté tout ce qu'il lui fallait. La dame sourcilla en regardant cette liste précise.

— Les herbes que vous cherchez se font de plus en plus rares. Peu de personnes les utilisent. J'ignore si j'en ai encore en stock. Par curiosité, où avez-vous appris l'existence de ces herbes ?

Bien entendu, il était hors de question que Samuel parle des liens qu'il entretenait avec Yveline Toussaint, son mentor. Il chercha alors un mensonge plausible.

— L'année dernière, à l'école, dans le cadre de mon cours d'éthique et culture religieuse, j'ai fait un travail de recherche sur le vaudou. Le sujet m'a passionné. Au point que j'ai voulu en connaître encore plus. Je me suis mis à lire avec grand intérêt sur l'histoire. Saviez-vous que le Musée de la civilisation à Gatineau compte présenter une exposition sur le vaudou l'année prochaine ?

— Non, je l'ignorais ! Vous me l'apprenez.

— Le vaudou est un sujet très passionnant. Je m'y intéresse, c'est tout.

— L'intérêt que vous portez à cette religion que plusieurs Antillais pratiquent me fait chaud au cœur. Tant de gens méconnaissent le vaudou. Ils le craignent, le ridiculisent. Les préjugés entourant cette religion sont si nombreux, vous l'avez sûrement constaté lors de vos recherches.

Dans le contexte actuel, entendre quelqu'un comme vous est rafraîchissant.

— Que voulez-vous dire ?

— Disons que la communauté vaudou est présentement très inquiète. Depuis quelque temps, nous sommes victimes d'actes de vandalisme. Les gestes de violence à notre égard se multiplient. Encore ce matin, un lieu de culte a été la proie des flammes. On cherche à nous faire peur, à salir notre image. Probablement des jeunes voyous. C'est triste…

— En effet… Madame, pouvez-vous regarder si vous avez en magasin tout ce que je désire ? Je suis quand même assez pressé.

— Bien sûr, jeune homme. Je parle, je parle… J'en ai pour quelques minutes.

Pendant que la dame s'activait, Samuel regarda la marchandise. Beaucoup de babioles. Mais aussi plusieurs objets qu'il avait vus dans le petit temple d'Yveline Toussaint. Quelques minutes plus tard, la jeune dame revint avec un sac rempli à ras bord qu'elle remit à Samuel.

— Vous êtes bien chanceux ! J'avais tout en magasin. Comme je vous l'ai dit tantôt, ces herbes sont méconnues. Peu de vodouisants les utilisent dans leur pratique. Il y a quelques mois, une de nos clientes, une dame que mon père estime beaucoup, nous en a demandé. Mon père et moi sommes parvenus à en trouver sur le marché.

— Vous êtes bien aimable, madame. Combien vous dois-je ?

— Accompagnez-moi à la caisse. Nous réglerons cela.

Samuel paya la marchandise. Avant de partir, il remercia la dame, lui promettant qu'il ferait de son mieux pour démystifier à sa façon le vaudou. Quelques minutes après le départ de Samuel, Salomon Bolivar entra dans sa boutique.

— Papa ! Enfin ! Où étais-tu passé ? Vite, je dois aller chercher les enfants.

— Régine, je suis désolé, mais j'ai rencontré de vieux amis. Je n'ai pas vu le temps passer. Les clients viennent-ils nous voir ? Avec toutes ces histoires de vandalisme, de violence, tout le monde se terre. Ce n'est pas bon pour les affaires.

— Pour être honnête, papa, c'était plutôt tranquille. Par contre, nous avons eu la visite d'un jeune homme. Un adolescent. Vraiment gentil. C'était la première fois que je le voyais. Intéressé, instruit. Son intérêt pour le vaudou est assez récent. Il m'a parlé d'une recherche qu'il avait faite à l'école.

Salomon fronça les sourcils. Un adolescent. Instruit. S'exprimant bien. Cette description correspondait à celle de Samuel Laliberté, ce jeune idéaliste talentueux que lui avait dépeint sa bonne amie Yveline.

— A-t-il acheté quelque chose ?

— Bien sûr ! Et pas n'importe quoi ?

Régine tendit à son père la liste que Samuel lui avait donnée. En la regardant rapidement, Salomon comprit tout de suite que le jeune Laliberté était venu dans sa boutique. Seul un élève de sa grande amie pouvait connaître l'existence de ces herbes mystérieuses. « Ce garçon n'a pas l'intention de suivre les règles d'Yveline. Il passera à l'action prochainement. » Le cœur de Salomon se mit à battre plus vite. Comme il battait lorsqu'il luttait contre les injustices en Haïti avec ses amis.

— Vas-y, Régine ! Je ne te retiens pas plus longtemps. Embrasse les enfants de ma part.

Régine fit un câlin à son père, puis elle quitta la boutique. Au moment où elle mit les pieds sur le trottoir, une camionnette noire se gara devant la boutique de Salomon Bolivar. Une camionnette qu'aurait reconnue sans aucun doute Samuel s'il avait été encore dans les parages. Les deux occupants du luxueux véhicule n'en étaient pas à leur première visite rue Monselet. Kevin Boucher, surnommé « Grand Galop » et Andrade Michaud, alias « Petit Trot », surveillaient depuis quelque temps les allées et venues de Salomon Bolivar.

— La dame qui vient de sortir, c'est sa fille, affirma Kevin. Elle s'appelle Régine Bolivar. Mère de trois enfants. Son mari est propriétaire d'un petit centre de conditionnement physique. Il entraîne des jeunes à la boxe. Un genre de missionnaire. Il aurait fait quelques combats professionnels.

— Intéressant ! Qu'est-ce qu'on fait de Bolivar ? On met le feu à sa boutique ? Ou on le cuisine un peu ? Je suis sûr qu'il en sait plus qu'il le prétend. Cet homme-là ne sait pas mentir.

— Je pense que nous pourrions réussir à le faire parler. Mais soyons prudents. C'est le genre d'homme qui pourrait nous réserver des surprises.

Kevin n'avait pas tort. Salomon Bolivar était un homme imprévisible…

Chapitre 5

Samuel était de retour à Terre d'Espoir. Son petit congé n'avait pas été de tout repos. Ses parents, curieux, mais surtout très intéressés, l'avaient questionné sur l'activité à laquelle il avait participé. « Le Dr Julien est un révolutionnaire, à sa façon, avait dit son père. Les gestes qu'il fait sont sensés. Les hommes de cette trempe se font de plus en plus rares. Hélas, il est trop peu connu. Peu de gens savent ce qu'il fait, ce qu'il apporte à la communauté. Samuel, ça ne nous étonne pas que tu aies insisté auprès de la direction du camp pour être de cette activité. Nous sommes fiers de toi. » Samuel leur avait raconté qu'il avait été touché par la pauvreté, qu'il l'avait bien sentie. « Les enfants étaient si contents, tellement reconnaissants. Les intervenants s'impliquent à fond. Ils se doivent d'être imaginatifs pour arriver à faire leur travail malgré les restrictions budgétaires. Nos gouvernements ne semblent pas s'intéresser à la lutte contre la pauvreté. » Les conséquences de ce fléau grandissant étaient multiples et horribles.

À l'école, avec le Doc Nelson, le sujet avait été à maintes reprises abordé. Samuel s'indignait chaque fois qu'il en était question. Mais il avait l'impression qu'il en saisissait davantage les effets pervers depuis qu'il connaissait Tommy. Bien sûr, il était conscient qu'il ne réglerait pas le cancer de la pauvreté en ensorcelant Laurent, cet abject individu, mais, au moins, il permettrait à Tommy de vivre dans la quiétude. « Un jour, je m'attaquerai au vrai problème. Je ferai tomber tous ceux et celles qui entretiennent les inégalités. La pauvreté crée de la souffrance. Je l'ai vu. »

À Terre d'Espoir, tout le monde était content de revoir Samuel, à part William qui lui faisait la tête. La vraie nature de ce dernier était en train de ressurgir. Il commençait à penser sérieusement que l'idée qu'il avait eue de polir son image en travaillant dans un camp d'été était stupide. Il avait de plus en plus l'impression qu'il perdait son temps à Terre d'Espoir. Les après-midis à faire du wakeboard à son chalet lui manquaient. Il s'ennuyait des vrais amis qu'il avait à Tremblant. Des gars et des filles qui voyaient la vie comme lui. Et puis la haine viscérale qu'il vouait à Sam reprenait le dessus. Le nom de Samuel circulait de plus en plus. Les anciens n'avaient que de bons mots pour lui, disant qu'il incarnait véritablement la philosophie de Terre d'Espoir. « Ce gars-là est vraiment trop génial !

Il a une énergie contagieuse. Il ne joue pas un jeu. Les valeurs de justice qu'il défend sont nobles. La relève est là ! Il faut tout faire pour le garder avec nous. » Quand William entendait ces bonnes paroles, il bouillonnait de colère. Il commençait à en avoir assez d'être à Terre d'Espoir. « Pourquoi suis-je venu perdre mon temps ici ? Quelle idée stupide de vouloir embellir mon image pour une campagne électorale ! Et c'est chèrement payé pour voir Audrey tout l'été. » William devenait de plus en plus irritable. Avec les enfants, il perdait souvent patience, tolérant difficilement leurs différentes demandes. Avec ses partenaires de travail, ce n'était guère mieux. Il ne se gênait pas pour les envoyer paître quand il était en désaccord avec eux. Ce qui était fréquent. Dès son retour au camp, Samuel eut droit à quelques invectives de la part de l'animateur mécontent.

— Laliberté, arrête d'avoir la grosse tête, lui lança William. Pendant un moment, tu as sûrement cru que nous étions des amis. Tu en as rêvé, j'en suis sûr. Ici, tout le monde te voit comme un saint. Mais ils se trompent tous. Moi, je connais ta véritable nature. Un jour, tu vas tomber. De très haut ! Ta chute sonnera le glas. Et ce jour ne tardera pas.

Normalement, Samuel réagissait assez fortement à ce genre d'attaque. Mais, cette fois, il préféra laisser parler son détracteur. Il n'en avait rien à faire, des flèches de William. Il avait autre chose en tête, un plan qu'il devait mettre à exécution le plus tôt possible. Quant à ses vrais amis, ils étaient heureux de reprendre le boulot avec lui. Il leur raconta, sans entrer dans tous les détails, l'expérience qu'il avait vécue à la clinique du Dr Julien. Quand Jo et Hilel lui demandèrent s'il avait vu le chum de la mère de Tommy, Samuel leur répondit :

— Non ! Je ne l'ai pas vu…

Mais ses deux amis le connaissaient bien. Ils avaient perçu l'ombre qui était passée dans son regard. Leur disait-il la vérité ? Ils eurent un doute. Sam ne voulait pas leur dire ce qu'il s'apprêtait à faire. Il savait pertinemment que Jo et Hilel le désapprouveraient. En même temps, il éprouvait un certain malaise. En agissant seul, il enfreignait les règles que ses amis et lui avaient établies. Le serment auquel il avait cru était sur le point de se rompre. Il en avait le cœur brisé. Les gars ne devaient-ils pas toujours se consulter avant d'agir ? C'est bien la promesse qu'ils s'étaient faite. Mais Samuel ne pouvait pas abandonner Tommy. S'il lui arrivait un malheur, il s'en voudrait à tout jamais. Comment pourrait-il vivre avec un si lourd fardeau ? Samuel faisait face à des choix déchirants. Mais il assumait. Incarner Maître Sam n'était pas une mince affaire. En faisant ce choix, il avait compris que ses responsabilités seraient grandes ; ses défis, complexes.

Samuel reprit ses activités d'animation. Cette fois-ci, il avait Audrey pour partenaire. Bien sûr, il était heureux, puisqu'il passait de nombreuses heures avec son amoureuse. Mais surtout parce qu'il avait la chance de travailler avec une animatrice de grand talent. Quand il avait un peu de répit, l'adolescent s'isolait. Ses amis n'en faisaient pas trop de cas, sachant fort bien qu'il aimait la solitude. Samuel profitait de ces moments pour réfléchir. Où fabriquerait-il sa poupée ? Comment procéderait-il pour l'ensorcellement ? À quel moment de la journée travaillerait-il sur son projet ? Comment ferait-il pour échapper à la vigilance de ses compagnons ? Samuel pensa à une vieille cabane abandonnée qu'il avait vue dans la forêt. Au cours d'une expédition, les enfants, curieux, lui avaient posé un tas de questions sur cette dernière. Samuel avait alors inventé l'histoire de Jack Lafrousse, un homme solitaire, un chasseur de monstres. « Jack aurait disparu depuis des années. Selon la légende, il serait détenu prisonnier par le monstre de la région. » Les enfants l'avaient écouté avec perplexité.

Les conditions dans lesquelles Samuel aurait à travailler étaient loin d'être idéales. Mais il n'avait pas le choix. Il devait se débrouiller. Un soir, alors que tous les animateurs semblaient dormir, il sortit en catimini du chalet. Dans son sac à dos, il avait tout ce dont il avait besoin pour amorcer le travail. Sur sa tête, il portait une lampe frontale. Dans les jours précédents, il avait étudié minutieusement le sentier menant à la cabane. « Dans l'obscurité, cela risque d'être pas mal plus compliqué de m'orienter. Je ne dois pas me perdre… » Cela ne faisait pas quinze secondes qu'il était sorti du chalet qu'il entendit quelqu'un le siffler.

— Laliberté, où vas-tu comme ça ? lui demanda William.

Le pire scénario qu'il aurait pu imaginer venait de se produire. William l'avait surpris.

— Toi, tu n'es pas couché ?

— Je n'arrive pas à digérer notre souper. Quel horrible cuisinier ! On devrait lui interdire de toucher un poêlon. Mais tu n'as pas répondu à ma question. Toi, que fais-tu dehors ? C'est interdit de sortir du chalet après le couvre-feu.

— Je ne me sentais pas très bien, mentit Samuel. Probablement comme toi. Le repas passe difficilement.

— Tu n'as pourtant pas l'air d'un gars malade. Tu as plutôt l'air d'un gars qui s'en va en cavale. Le sac à dos, la lampe de poche. Où vas-tu comme ça ?

— Nulle part ! Je prends l'air. Ce n'est pas dur à comprendre.

William fut pris soudain d'une nausée. Gêné, il se cacha derrière un arbre pour vomir. Samuel profita de ce moment pour courir vers la forêt. « Quel emmerdeur ! » Jamais William ne le vit partir. Quand il sortit de sa cachette, il maugréa. « Sale menteur ! Qu'est-ce qu'il mijote encore ? » En d'autres circonstances, William aurait probablement essayé de traquer Samuel. Mais il était trop mal en point. Une main sur le ventre, le dos courbé, il retourna dans le chalet. « Il faut que je dorme. Quand je serai plus en forme, je me mettrai sur le cas de Laliberté. Je trouverai bien ce qu'il mijote. Voir s'il était malade ! »

Samuel n'eut aucune difficulté à retrouver la cabane. L'expérience qu'il avait acquise depuis des années lui était d'un grand secours. Les heures qu'il avait passées avec Édouard, son arrière-grand-père, faisaient de lui un maître en forêt. Tous ceux et celles qu'il emmenait avec lui en expédition se sentaient toujours en sécurité. Samuel savait qu'il ne pourrait faire tout le travail en une soirée. Il aurait à revenir à quelques reprises. Pour travailler, il s'éclaira avec un vieux fanal qu'il avait trouvé dans un débarras du chalet principal. Concentré, méticuleux, le jeune maître disposa sur une petite table les herbes, le tissu, les aiguilles, la photo de Laurent, les images des Lwas… Il travailla pendant une heure dans un profond silence, absorbé par chacun de ses gestes. Il aurait poursuivi, mais il jugea plus sage de revenir au chalet. Le lendemain, les enfants ne le ménageraient pas. Comme toujours, il se devait d'être au meilleur de sa forme. Consciencieux, il rangea tout son matériel dans son sac à dos, puis il retourna au chalet. Quand il arriva, il fit un tour aux toilettes. Finalement, il rebroussa chemin. William, la tête sur la cuvette, s'était endormi dans une position disgracieuse.

Le matin suivant, quand les animateurs rejoignirent les enfants, William lança une première flèche à Samuel. D'une voix forte, parce qu'il voulait s'assurer que tous l'entendent, il lui demanda :

— Comment s'est passée ton escapade nocturne, Sam ? Au moins, tu ne t'es pas perdu… S'aventurer dans la forêt quand il fait noir, ça prend du courage.

Tout le monde se tourna vers Samuel, curieux, attendant avec impatience sa réponse.

— D'abord, je ne suis pas allé dans la forêt. Je suis juste aller prendre l'air. Je ne me sentais pas bien. Tu aurais dû faire comme moi, William. Une petite marche t'aurait peut-être évité une nuit dans les toilettes. Dormir la tête dans une cuvette, ce n'est pas très chic.

— En tout cas, quand je t'ai vu hier soir, tu n'avais pas l'air malade. Tu avais ton sac à dos bien rempli et ta lampe frontale sur la tête. Pousse, mais pousse égal.

— J'étais malade ! Est-ce que c'est clair ?

Samuel était sur le point de perdre patience. Il voyait clair dans le petit jeu de William. En parlant tout haut, celui-ci venait de piquer la curiosité des autres animateurs. Bientôt, Samuel serait bombardé de questions. Comme de fait, quelques minutes plus tard, quand Samuel se retrouva avec Hilel et Jo, l'interrogatoire commença.

— C'est quoi, cette idée de sortir en pleine nuit ? demanda Hilel. Tu étais malade ? Pourtant, hier soir, avant qu'on décide tous d'aller se coucher, tu pétais le feu. Sam, depuis ton retour de la ville, tu es différent. On te sent plus distant. Que faisais-tu dehors cette nuit ?

— Rien ! J'étais malade !

— Pourquoi alors étais-tu équipé comme quelqu'un qui partait en expédition ? demanda Jo. C'est bien ce que William a dit.

— Les gars, vous cherchez un problème alors qu'il n'y en a pas. Arrêtez de me questionner. J'ai l'impression de passer un interrogatoire, comme si j'étais coupable de quelque chose.

— Sam, nous sommes tes amis, reprit Hilel. On le sait, que la situation familiale de Tommy te révolte. On peut penser que tu as vu certaines choses là-bas. Des choses qui te pousseraient à agir sans notre consentement.

— Oh ! Seriez-vous en train de me suspecter ? Je pensais que nous formions une équipe. Vous me décevez…

C'était la première fois que Samuel mentait d'une façon si éhontée à ses amis. Il en avait mal au cœur. Mais il se disait qu'il ne pouvait faire autrement. Tommy était en danger. Sam était prêt à tout pour le sauver, même à trahir leur pacte.

Samuel sortit du chalet, impatient de se remettre au boulot. Les deux dernières journées avaient été plutôt calmes. L'adolescent cherchait à apaiser les craintes de ses amis. Parce qu'ils le suspectaient d'opérer en cachette, il avait tout fait pour endormir leurs soupçons. Au lieu d'aller travailler sur sa poupée, il s'était couché comme tout le monde. Les deux dernières nuits, Samuel les avait passées à réfléchir, à se creuser la tête, à se torturer. Il avait l'impression que le temps lui filait entre les doigts. Son inactivité le rendait anxieux. Sa présence auprès de ses amis semblait les avoir rassurés. Jo et Hilel ne lui avaient plus reparlé de son escapade nocturne. Même William n'avait pas cherché à en savoir plus. Samuel croyait, à tort, qu'il était hors de tout soupçon. Il ignorait que ses amis parlaient de lui. Jo et Hilel étaient convaincus qu'il préparait quelque chose en secret. Quant à William, il faisait comme s'il avait tout oublié, comme s'il ne l'avait jamais surpris. Discrètement, quand il en avait la chance, il épiait son rival. Le soir, même s'il était fatigué de ses longues journées de travail, il s'endormait très tard. « Un chasseur se doit d'être patient et vigilant. Je l'aurai. Je trouverai bien ce qu'il manigance. »

La première chose que Samuel fit lorsqu'il entra dans la cabane fut d'allumer le fanal. Ensuite, il sortit de son sac à dos tout son matériel qu'il déposa sur la table de façon méthodique. Il était sur le point de se mettre au travail quand Hilel et Jo ouvrirent la porte de la cabane : Samuel sursauta. Quand il vit ses copains, il comprit tout de suite qu'il était piégé. Il ne chercha même pas à ranger les choses qui prouvaient ce qu'il s'apprêtait à faire. Il se contenta de regarder ses amis. Ceux qu'il avait trahis.

— Sam ! Pourquoi nous as-tu menti ? lui demanda Hilel.

Samuel, le cœur battant, ne répondit pas. Il était furieux contre eux, mais surtout contre lui. Il croyait qu'il avait le champ libre, mais il s'était trompé : Jo et Hilel n'avaient pas mordu. En même temps, il se sentait honteux de leur avoir menti, d'avoir ainsi brisé leur pacte. Se comportait-il comme un véritable maître ?

— Sam, nous savions que tu avais un plan en tête, poursuivit Hilel. Ton petit congé, on n'y a pas cru. On peut difficilement t'enlever une idée de la tête. Surtout quand cette dernière touche tes valeurs les plus profondes. Sam, que fais-tu de notre pacte ?

— Pour être honnête, je pense qu'il n'y en a plus, répondit Sam sur le ton de la colère. Le jour où vous avez décidé de baisser les bras, il a cessé d'exister. Le serment n'existe plus. Je ferai ce qu'il faut pour améliorer la vie de Tommy. Je vous l'ai dit depuis le début : changer le monde comporte des risques. Je possède un pouvoir et je compte l'utiliser. Ne me mettez pas de bâtons dans les roues. Vous m'avez compris ?

— Sam, tu nous parles comme si nous étions tes ennemis, répliqua Hilel, froissé. Tu ne nous comprends pas. On est comme toi. On veut changer le monde. On veut un monde plus juste. On veut aider les enfants comme Tommy. Mais nous le ferons sans utiliser le pouvoir du vaudou. Ma grand-mère nous a prévenus. Elle sait de quoi elle parle. Les exploiteurs l'ont chassée de son pays. Elle a vécu dans la crainte, dans la peur. Sam, on doit travailler avec les outils légaux, ceux qu'on met à notre disposition.

— Ce n'est pas la solution ! Les gens malhonnêtes n'ont aucun scrupule. Ils ne craignent rien. Jamais ils ne changeront. Dans trente ans, ils auront prospéré. Et nous, nous serons désabusés. Nous aurons abandonné, comme tout le monde le fait, parce que nous aurons échoué.

— C'est faux, ce que tu dis, Sam, objecta Jo. Le Dr Julien n'a jamais abandonné. Ça fait des années qu'il se bat. Il y a toujours de l'espoir. On n'abandonnera pas.

— Les gars, écoutez-moi ! reprit Samuel, comme s'il n'avait pas entendu ce que venait de dire Jo. Le vaudou est une force spéciale, unique, d'une rare puissance. Me résigner à l'abandonner ? Jamais ! Je ne peux pas voir le monde s'écrouler en sachant que j'ai le pouvoir de le guérir.

— Sam…

— Non, je n'ai pas fini ! Sous la menace du vaudou, ils ont tous reculé. Tous sans exception : Robert Labri, Henri Chabot, Anne-Marie Ricard, Joël Lefebvre et Paul Sicotte, notre cher ministre de l'Éducation.

Samuel haussait le ton. Il s'emportait, loin de se douter que William était derrière la porte. En effet, celui-ci, discret, écoutait depuis un bon moment avec intérêt cette querelle qu'il enregistrait sur son iPhone. « Ils sont des sorciers ! Des malades ! Des gens dangereux ! » Jubilant,

William venait de découvrir ce qui allait détruire son rival. Malgré l'excitation qu'il éprouvait, il était resté calme jusque-là, mais lorsqu'il entendit le nom de son père, il ne se contint plus. Furieux, il poussa violemment la porte et se rua sur Samuel.

— Malade ! Tu es malade ! Tu t'en es pris à mon père ! Tu iras croupir en prison, pauvre fou.

Dans son assaut, William était parvenu à faire tomber Samuel. Il le chevauchait maintenant, le rudoyant. Samuel avait été surpris par l'attaque de William. Jamais il n'avait eu le temps de se protéger. Mais, habile, fort, il parvint malgré tout à se dégager de la prise de son adversaire. Vif, il poussa William avec ses pieds contre le mur de la cabane. Assez fort pour que ce dernier en perde le souffle. Hilel et Jo en profitèrent pour immobiliser William. Samuel était consterné. Stressé, il faisait les cent pas dans la cabane.

— Les gars, retenez-le !

Samuel venait de trouver une solution. Il enfila des gants, puis il prit un mélange d'herbes qu'il avait réduit en poudre durant sa première soirée de travail. Il appliqua le mélange sur le visage de William.

— Ne me touche pas ! Sorcier ! M'as-tu compris ? Ne me touche pas !

Quelques secondes plus tard, William fermait les yeux, la poudre ayant accompli son travail.

— Sam, qu'est-ce que tu as fait ? Il s'est endormi instantanément.

— Technique de zombification ! répondit Samuel, encore pensif.

— Tu nous niaises ?

— Les gars, pensez-y deux minutes. Est-ce qu'on peut se permettre de plaisanter ? William nous a démasqués. Il faut agir vite. Il ne doit surtout pas parler. On doit prendre les grands moyens. On n'a pas le choix !

— Sam, tu me fais peur ! dit Hilel, frémissant.

— On jurerait qu'il ne respire plus, observa Jo. Sam, qu'est-ce que c'est que cette poudre ?

Inquiet, Hilel s'agenouilla auprès de William. Le corps de ce dernier ne bougeait plus.

— Sam, il est mort ! Qu'est-ce que tu lui as fait ? Tu es en train de perdre la tête. Tu es devenu fou ! Là, j'en ai plus qu'assez. Cette fois-ci, je ne te suis pas. Je vais aller te dénoncer à la police.

— Calmez-vous ! Il n'est pas mort. Laissez-moi le temps de vous expliquer. William n'est pas mort. En Haïti, certains sorciers étaient capables de créer des zombies. Pas les zombies qu'on nous montre à la télé ou dans les BD. Rien à voir avec *Walking Dead*. Des vrais zombies ! En fait, les sorciers parvenaient à réduire au minimum les fonctions vitales des individus qu'ils voulaient contrôler. Même les médecins tombaient dans le piège. Convaincu qu'ils étaient morts, on les enterrait, alors qu'ils étaient vivants. Quelques heures après l'enterrement, les sorciers revenaient pour déterrer les gens qu'ils avaient envoûtés. Des morts-vivants ! Les sorciers leur administraient ensuite d'autres sorts. Ils revenaient à la vie, mais différemment. Les sorciers pouvaient les contrôler à leur façon. De nombreuses personnes ont vécu de longues années sous l'emprise des sorciers vaudous.

— Sam, rassure-nous ! fit Hilel. Tu n'as tout de même pas l'intention de faire de William un zombie ?

— Non, mais je dois lui jeter un sort. Il faut que j'arrive à lui faire perdre la mémoire.

— Sam, tu en sais beaucoup plus que nous sur le vaudou, admit Jo. Tu n'as jamais arrêté d'étudier, hein ?

— Non. Tu sais, Hilel, le livre que ta grand-mère a écrit est très riche. Je n'en connais même pas le quart. Mais c'est fou, tout ce qu'il révèle. Je l'ai avec moi. C'est dans ce livre que j'ai appris l'existence des nouvelles plantes avec lesquelles je voulais travailler. La zombification est très complexe à réaliser. Ne vous inquiétez pas, je n'ai pas l'intention de me lancer là-dedans. Par contre, je pense que je peux assez aisément concocter un mélange explosif avec les herbes que j'ai en ce moment. Un mélange qui altérera la mémoire de notre copain. Les gars, faites-moi confiance. J'ai besoin de votre soutien. Si j'y arrive, on s'en tirera. Personne ne connaîtra notre secret.

Hilel et Jo se regardèrent, l'air hagard. Avaient-ils vraiment le choix ? Ils acceptèrent la proposition de Sam, mais Hilel posa une condition :

— C'est d'accord. On est avec toi. Par contre, tu oublies l'histoire de la poupée. On le sait, que tu veux protéger Tommy, mais tu dois avant tout penser à tes amis. Tu étais sur le point de trahir notre pacte. Sam, c'est sérieux, tu dois arrêter. Ma grand-mère ne plaisantait pas. Les dangers sont grands. Les ennemis, trop puissants.

Samuel ferma les yeux et émit un profond soupir. Il était furieux, contrarié. Enfin, après avoir réfléchi, il se résigna à abandonner son projet d'aider Tommy par la sorcellerie. Par contre, il se disait qu'il trouverait bien un autre moyen pour améliorer la vie du gamin. Finalement, ses amis n'avaient peut-être pas tort. Les services sociaux se chargeraient de protéger Tommy. Et les intervenants du Dr Julien ne seraient jamais bien loin.

— Vous pouvez compter sur moi. En espérant que je réussisse mon coup. J'en ai pour au moins une heure. J'aurai besoin de votre aide. À trois, on ira plus vite.

Les gars s'assirent à la table, prêts à se mettre au travail. Samuel ouvrit le livre d'Yveline

Toussaint, puis il se mit à donner des directives. Ses yeux brillaient. Ses gestes étaient précis. Ses connaissances, impressionnantes. Beaucoup plus grandes que celles de Jo et d'Hilel, qui étaient stupéfaits. Yveline leur avait toujours dit qu'ils étaient doués. Tous les trois. Mais elle avait toujours regardé Sam avec un tout autre œil. Jo et Hilel l'avaient bien remarqué. Sam était le meilleur. Et de loin. Il était passé minuit quand Samuel appliqua sur le visage de William la mixture qu'il avait préparée. Il le fit en psalmodiant des prières que lui avait apprises Yveline.

— Que fait-on maintenant? demanda Hilel. Le ramène-t-on avec nous? Je peux le porter sur mes épaules. J'en ai la force, mais pas la motivation.

— Laissons-le dormir ici, répondit Samuel. Il est déjà suffisamment tard. Il faut qu'on aille dormir. Quand il se réveillera demain matin, il sera complètement perdu. Il croira qu'il a fait du somnambulisme.

Jo et Hilel ne s'opposèrent pas à la suggestion de Sam. Solidaires malgré les tensions au sein du groupe, les trois amis rangèrent le matériel dans le sac à dos. Trente minutes plus tard, ils se couchèrent dans leur lit, inquiets. Le sort allait-il fonctionner? La mémoire de William serait-elle affectée?

Le lendemain matin, l'absence de William provoqua de l'inquiétude. Certains animateurs évoquèrent l'hypothèse de la fugue. L'un d'entre eux, Pierre-Olivier Robitaille, un amateur de films de guerre, un gars reconnu pour son intensité, ne mâchait pas ses mots.

— Un déserteur ! Un foutu déserteur ! Il s'est poussé comme un traître. Dans l'armée, les pleutres comme lui, on les met en prison.

Les autres l'écoutaient avec incrédulité. On ne savait pas trop s'il plaisantait ou non. Enfin, au cours de la matinée, William sortit de la forêt, le visage barbouillé, les vêtements sales, comme s'il venait de survivre à une terrible épreuve. Myriam, la coordonnatrice, alla à son secours. William était confus, perdu. La jeune femme l'emmena à l'infirmerie et le questionna.

— Où étais-tu ? Tout le monde te cherchait. Certaines personnes croyaient que tu t'étais enfui. C'est vrai que tu es plus distant ces derniers jours. Tu t'impliques beaucoup moins qu'avant.

— Non, je ne voulais pas m'enfuir, répondit William en se prenant la tête. Même si mes activités nautiques commencent vraiment à me manquer. Non, je ne comprends pas. Je me suis réveillé tantôt dans une cabane. Je ne sais pas comment je suis arrivé là. Je me souviens juste de la soirée d'hier. Les chansons autour du feu. Les histoires de guerre du gros P.O. C'est tout. Après, black-out total.

— Tu as peut-être fait une autre indigestion. Es-tu sujet au somnambulisme ?

— J'en ai fait quand j'étais petit. Mais ça date... Mon estomac n'est sûrement pas fait pour la cuisine de notre cuisinier. Il est temps que je retourne par chez nous. L'ami de mon père est le propriétaire du chic resto Le goût du risque. Tu connais ?

— J'en ai entendu parler ! Comme tout le monde ! Il paraît que ce n'est pas très abordable.

— Je ne regarde pas les prix quand j'y vais. Si je reviens ici l'été prochain, j'amène avec moi un de leurs cuisiniers. Ce n'est pas normal. L'activité la plus dangereuse ici est de manger.

— Tu exagères ! Notre cuisinier n'est pas si terrible.

— Au restaurant La belle province, il serait un as !

— Je pense que tu devrais te reposer un peu. Prends la journée. Fais le plein d'énergie. Demain, tu seras en meilleure forme.

William accepta la proposition de Myriam. Il était réellement fatigué. La dernière fois qu'il s'était senti aussi vidé, c'est lorsqu'il avait la fête toute la nuit avec son frère, au printemps. Il en avait eu pour une bonne journée à se rétablir. D'un pas lent, il se rendit au chalet des moniteurs. Avant de se coucher, il réalisa qu'il n'avait plus son iPhone avec lui. Où avait-il pu l'oublier ? Il fouilla un peu dans la chambre qu'il partageait avec trois autres gars. Mais il abandonna assez vite, découragé par le fouillis qui régnait là. « Je n'en reviens pas ! Les cochons refuseraient de vivre ici ! J'ai bien hâte de voir ce qu'on trouvera dans cette chambre à la fin de l'été. » William remit à plus tard sa recherche. Épuisé, mal en point, il préféra se coucher dans son misérable lit. « Je suis sûr que les prisonniers dans les prisons du Québec dorment sur des matelas plus confortables que celui-là... » Aussitôt qu'il posa la tête sur l'oreiller, il s'endormit, malgré son inconfort. Il se réveilla vers l'heure du souper, légèrement ragaillardi. Quand Myriam l'invita à venir manger, il refusa catégoriquement, craignant d'être malade encore.

— Il faudra bien que tu manges à un moment donné, lui dit-elle. Tu ne pourras pas fuir éternellement la cuisine de notre cuisinier.

William se contenta de manger les restes de sacs de chips qu'il trouva dans le chalet des moniteurs. « Les Lays au ketchup ne m'ont jamais rendu malade. » Après s'être empiffré de chips, William retourna dans son lit. Le lendemain, il était en pleine forme, mais il avait l'estomac dans les talons. Il mangea avec ses collègues. Une dizaine de rôties au beurre d'arachides. Il s'était promis qu'il ne toucherait plus jamais à un plat préparé par le cuisinier de Terre d'Espoir. Il n'y avait rien à faire. William s'était mis dans la tête que cet homme était le responsable de ses ennuis de santé. « S'il le faut, je mangerai des toasts au beurre de peanuts jusqu'à la fin de l'été. » Au cours du déjeuner, tout le monde prit de ses nouvelles, même Sam.

— Comme ça, tu vas mieux? lui demanda ce dernier avec sincérité.

Sam s'était inquiété sérieusement pendant la convalescence de William. Il ne voulait pas que son rival garde des séquelles permanentes du traitement qu'il lui avait fait subir. Ce qui aurait pu arriver. Samuel ne l'avait pas dit à ses amis, mais il avait lu dans le livre d'Yveline que les risques étaient quand même assez élevés.

— Méchante indigestion ! Laliberté, tu devrais te méfier du cuisinier. Il veut notre mort.

— Ouais ! Mais n'ambitionne pas trop sur le beurre de peanuts. Pas sûr que la compagnie Kraft soit plus fiable que notre cuisinier.

— Entre le beurre de pean et la bouffe de ce gargotier, le choix n'est pas difficile à faire ! Hé, en passant, tu n'aurais pas vu mon iPhone ? Je ne le trouve plus.

William posait la question à toutes les personnes avec qui il parlait.

— Il est sûrement au chalet, répondit Samuel.

— Sûrement ! Mais ce n'est pas évident de trouver quelque chose dans ce capharnaüm.

Enfin, William reprit le travail, un peu à reculons. Même s'il n'était plus trop emballé par son boulot, il parvint tout de même à tirer son épingle du jeu. Les activités qu'il imaginait pour les enfants étaient plutôt intéressantes. Quand il voyait les gamins s'amuser avec ce qu'il inventait, il en venait à oublier ses malheurs. Les trois mousquetaires étaient soulagés. Le sort qu'avait jeté Samuel avait fonctionné. Encore une fois, ils s'en étaient tirés. Mais leurs rapports étaient plus tendus. Ils ne se parlaient presque plus. Il leur arrivait encore de discuter, mais uniquement pour le travail. Cette distance qui s'était créée entre ses amis et lui attristait Samuel. Il se consolait en se disant que ses copains finiraient par lui pardonner ses fautes. Sam était loin de se douter que d'autres problèmes encore plus graves étaient sur le point de jaillir. Trois ou quatre jours après l'incident de la cabane, Audrey vint le voir durant une pause.

— Sam, est-ce qu'on pourrait se parler ? lui demanda-t-elle d'un ton sérieux.

— Bien sûr ! Tu as bien l'air tendue. Est-ce que ça va ?

— Il faudrait qu'on se voie en privé. Ce soir, quand les enfants seront couchés, viens me rejoindre au chalet des filles. On ira marcher.

Samuel acquiesça. Audrey qui, habituellement, était douce et souriante, lui dit au revoir sans même le regarder. Sam était dans tous ses états. Jamais Audrey n'avait été aussi expéditive avec lui. Que lui avait-il fait ? Pourquoi s'était-elle montrée si froide ? La journée fut désagréable. Samuel était peu réceptif. À quelques reprises, des enfants lui dirent de se réveiller, qu'il avait l'air d'un zombie. Ils n'étaient pas loin de la vérité. Samuel était inerte, préoccupé. Quand les autres animateurs ou les enfants lui parlaient, il lui arrivait de ne pas répondre. Il ne voyait plus personne. Il ne faisait que penser à Audrey.

Vint enfin l'heure du rendez-vous. Samuel, plein d'appréhension, s'y rendit. Audrey l'attendait. En temps normal, quand elle le voyait, elle lui faisait toujours son plus beau sourire. Craquant. Là, elle se contenta de hocher la tête. Manifestement, quelque chose clochait.

— Allons plus loin ! Il ne faudrait surtout pas qu'on nous entende.

Samuel acquiesça sans dire un mot. Ils marchèrent une dizaine de mètres et se cachèrent derrière de gros cèdres.

— Audrey, est-ce que c'est une mauvaise blague ? Parce que, je n'aime pas ça. Tu es différente. On jurerait que tu m'en veux. Pourtant, je n'ai rien fait de mal. William t'a-t-il montée contre moi ?

Audrey ne disait pas un mot. Elle se contenta de sortir de la poche de son pantalon un iPhone. Samuel regarda l'appareil, sans trop comprendre où son amie voulait en venir.

— Pourquoi me montres-tu ce iPhone ? Ce n'est pas le tien. Est-ce que c'est celui de William ? Tu l'as trouvé ? Je ne comprends pas.

— Ce matin, je suis partie en expédition avec un groupe de filles. On s'est arrêtées à la cabane. Je voulais leur raconter l'histoire que tu as inventée. Une des filles a trouvé ce iPhone à côté de la porte de la cabane. Elle ne me l'a pas dit tout de suite. Comme elle n'avait jamais eu un téléphone intelligent entre les mains, elle s'est mise à appuyer sur tous les icônes. Je ne sais pas comment elle s'est débrouillée, mais elle est tombée sur l'enregistreur. C'est là qu'elle me l'a dit. « C'est pas la voix de Samuel, ça ? » Sam, tu me dois des explications.

L'adolescente fit jouer l'enregistrement dont elle venait de parler. On y entendait assez clairement les voix de Sam, de Jo et d'Hilel. Audrey semblait effrayée. Sam, abasourdi.

— Explique-moi ! Tu es un maître vaudou ? C'est du délire ! Dis-moi que c'est faux. Tu m'as menti. Même tes amis disent que tu as perdu la tête.

Encore une fois, Sam se trouvait dans une impasse. En révélant la vérité à Audrey, il trahissait ses amis. Mais, en même temps, il savait qu'il commettrait une grave erreur s'il essayait de baratiner son amoureuse. Il ne ferait qu'aggraver la situation s'il tentait une esquive.

— Oui, c'est vrai. Je suis un maître vaudou. Comme Hilel et Jo. Nous sommes assez doués. C'est la grand-mère d'Hilel qui nous a initiés...

Et Samuel raconta tout ce qu'il avait vécu depuis bientôt un an. Ses revers, ses victoires, ses craintes, ses déceptions, ses espoirs... Tout! Audrey écoutait, attentive. Parfois, elle secouait la tête de dépit. Enfin, elle posa la question qui lui brûlait les lèvres:

— Pourquoi William ne se rappelle-t-il plus de rien? Qu'est-ce que vous lui avez fait exactement?

— Je lui ai jeté un sort. Même si nous nous étions promis d'arrêter nos activités, j'ai continué à étudier le vaudou. J'avais lu dans un livre qu'a écrit la grand-mère d'Hilel que nous pouvions altérer la mémoire des gens. Avec les herbes que je comptais utiliser pour ensorceler le chum de la mère de Tommy, j'ai pu concocter quelque chose. J'ai pris un risque. Le sort aurait pu échouer. Et nous aurions été dans de beaux draps.

— Maintenant que je sais tout, que comptes-tu faire de moi? Me jetteras-tu un sort?

— Jamais. Audrey, je t'aime. Je suis sincèrement désolé. Mais il y a tant d'injustices. Je ne peux plus les supporter. Et elles sont de plus en plus présentes dans notre société. Nos gouvernements actuels nous mentent sans arrêt. Ils font comme s'ils étaient concernés par ce que vivent les gens, alors qu'ils s'en moquent bien. L'écart entre les riches et les pauvres ne cesse de croître, les gaz à effet de serre en font autant, la corruption et la collusion sont omniprésentes, les pollueurs n'ont aucune conscience environnementale, les guerres se multiplient. Regarde ce que fait, depuis quelques mois, le gouvernement fédéral. Il nous vend l'idée d'une guerre. Il nous dit qu'il faut aller libérer les peuples opprimés par les tyrans. En fait, il veut une mainmise sur les ressources comme le pétrole. Bientôt, il enverra les jeunes pour se les procurer. Ils l'ont fait dans le passé. Audrey, j'en ai assez. Le monde peut être plus juste.

— Sam, je suis d'accord avec toi. Les injustices dans notre société sont révoltantes. Mais tu ne peux pas employer des forces obscures pour arriver à tes fins. Tu n'as pas le droit de faire du mal aux autres. Même s'ils sont des êtres immondes.

— Audrey, je ne fais pas le mal, je force le bien.

— Sam, je ne suis pas d'accord avec toi. Je garderai le secret, même si je sais qu'il me torturera. Par contre, je devrai m'éloigner de toi. Samuel, je t'aime. Je t'aime tellement. Mais je ne peux pas continuer à t'aimer dans ces circonstances.

Audrey baissa la tête et se mit à pleurer. Sam était secoué. Audrey ne voulait plus de lui. Il s'approcha d'elle parce qu'il voulait l'étreindre. Mais Audrey le repoussa.

— Non ! C'est terminé.

Audrey tourna les talons et prit la direction du chalet, le cœur en charpie. Samuel la regarda s'éloigner, anéanti. En l'espace de quelques jours, il avait tout perdu : ses amis, son amoureuse. Jamais il ne s'était senti aussi démuni. Yveline l'avait prévenu. Il ne l'avait pas écoutée. Il en payait aujourd'hui le prix. Audrey lui avait laissé le iPhone de William. Il effaça l'enregistrement, puis, penaud, la démarche lourde, il rentra. Il doutait de sa capacité à poursuivre son aventure à Terre d'Espoir. Plus rien ne le retenait dans ce camp. Rien…

William retrouva son iPhone le lendemain sur la table de la cuisine. Quand il demanda qui l'avait trouvé, Samuel ne dit rien. D'ailleurs, Sam parla de moins en moins. Il s'isolait davantage. Au point même que Myriam demanda à le voir. Son soudain changement d'attitude en inquiétait plusieurs. Sam qui ne voulait tout de même pas être un poids pour le groupe fit des efforts pour sortir de sa réclusion. Chaque fois qu'il croisait Audrey, son cœur se déchirait. Elle ne lui adressait plus la parole. Hilel et Jo étaient bien conscients que rien n'allait plus entre les deux amoureux, mais ils n'osaient pas en parler avec Sam. Plus rien n'était comme avant.

Une semaine avant la fermeture du camp, Audrey retourna chez elle. Ses parents vinrent la chercher, car sa grand-mère, dont elle était très proche, venait d'être hospitalisée. Bien entendu, Sam se faisait du mauvais sang pour Audrey, car il savait qu'elle vivait des moments douloureux. Il aurait tant aimé être auprès d'elle pour la soutenir dans cette épreuve. Mais ce n'était plus possible. Quant à William, il avait juste hâte que François Rioux ferme le camp. Il lui arrivait à l'occasion de s'amuser encore, mais pas avec les enfants. Quand il avait compris que l'histoire d'amour entre Audrey et Samuel battait de l'aile, il avait eu un sursaut de bonheur. Retors, opportuniste, il s'était dit qu'il ne manquerait pas son coup cette fois-ci. « Finalement, je ne regrette pas d'être venu ici. J'aurai gagné des points pour ma campagne électorale. En plus, Audrey m'aura vu sous un autre jour. J'anéantirai Laliberté quand je lui ravirai la belle Audrey. »

Chapitre 6

À la mi-août, les derniers enfants partirent, heureux de leur expérience à Terre d'Espoir. Le surlendemain, ce fut au tour des animateurs de quitter le camp. M. Rioux dressait un portrait plutôt positif de son été. Les nouveaux animateurs s'en étaient bien tirés, malgré quelques faiblesses. Lorsqu'il avait rencontré Myriam pour faire le bilan de la saison, il n'avait pu s'empêcher d'évoquer le nom de Samuel Laliberté. « Il a eu un départ canon. Ensuite, on dirait qu'il s'est essoufflé. C'est un jeune homme très sensible. J'ai l'impression qu'il a vécu de grandes émotions cet été. Bien sûr, il doit corriger certaines choses. Par contre, je pense qu'il a le profil idéal. Je veux que nous restions en contact avec lui durant l'année. Il faut qu'il revienne. Il doit comprendre que nous tenons à lui. »

À son retour, Samuel ne resta pas longtemps à Beauchêne. Ses parents, qui ne s'étaient accordé aucun répit de l'été, avaient décidé de prendre quelques jours de congé. Mylène et Daniel avaient besoin de respirer l'air des Laurentides.

« Si on ne prend pas de vacances, on ne traversera pas l'automne. » Quand Samuel sut qu'il passerait les prochains jours au chalet de ses grands-parents, il fut soulagé. « Parfait ! Rien de compliqué ! » Avec tout ce qu'il avait vécu dans les dernières semaines, il avait envie de se retrouver dans ses affaires. Chez ses grands-parents, il était à son aise, comme s'il était chez lui. Il se disait qu'il profiterait du lac pour pêcher un peu. À Saint-Donat, l'été, la pêche à l'achigan était fantastique. Sam avait envie de se mesurer à ce poisson combatif.

Les Laliberté arrivèrent à Saint-Donat un samedi matin. Comme d'habitude, ils passèrent au Métro pour acheter des victuailles. En vacances, Daniel et Mylène étaient vraiment relax. Ils remplirent le panier d'épicerie de produits qu'ils ne mangeaient pas normalement à la maison parce qu'ils les jugeaient mauvais pour la santé. Quand les enfants étaient plus jeunes, Daniel leur achetait toujours une tonne de friandises, au grand dam de Mylène. « Mon amour, on est en vacances ! On doit les essayer ! » Claude et Murielle faisaient du jardinage quand Daniel gara la voiture devant le chalet. Passionnés d'horticulture, ils étaient parvenus, avec les années, à créer un jardin exceptionnel, un jardin admiré par les gens du village et les touristes. Samuel, qui était proche de ses grands-parents, les étreignit avec chaleur. Il se sentait bien auprès d'eux. Jamais il n'avait senti qu'il les dérangeait. Ils étaient bienveillants, accueillants.

Après avoir mangé le hamburger que son grand-père lui avait préparé sur le barbecue, Samuel fit un tour dans le garage. Grand-père Claude lui avait dit qu'il venait d'acheter un nouveau quatre-roues. « Tu peux aller en faire. Je veux avoir ton avis. » Claude était un homme généreux. Grâce à son travail acharné, il avait amassé une fortune. Mais il en avait donné beaucoup. Et, même s'il était dans la soixantaine, il continuait à travailler, à penser aux autres. C'était plus fort que lui. Sam remit à plus tard la balade en quatre-roues. Il avait trop hâte de lancer sa ligne à l'eau. Quand il venait à Saint-Donat, l'adolescent utilisait toujours l'équipement de son grand-père. Il aimait toucher les objets de ce dernier. Pour lui, ils étaient empreints d'un riche passé. La ligne, le moulinet, l'épuisette, tout était parfait. Mais puisque Samuel voulait attraper le plus gros achigan du lac Archambault, il décida d'aller discuter avec le spécialiste du village : Jean Vienneau, Johnny pour les intimes. L'homme tenait une boutique de sport au village. Son expertise était fort impressionnante. Il avait pêché un peu partout dans le monde. Il connaissait les techniques, les nouvelles tendances, les meilleurs endroits pour la pêche. Il était une sommité dans son domaine. Un genre de Cyril Chauquet. Sam parla une bonne vingtaine de minutes avec ce passionné.

— Sam, je viens tout juste de garnir mes étagères de leurres exceptionnels. Cette année, la pêche est miraculeuse. Encore hier, de mon quai, j'ai attrapé une truite grise. C'est quand même étonnant à ce temps-ci de l'année.

Excité, Samuel regarda longuement le matériel dont venait de parler Jean Vienneau. Il était en train d'admirer un jig coloré quand quelqu'un lui tapota l'épaule. Curieux, l'adolescent tourna la tête. Quelle surprise !

— Monsieur Nelson ! Comment allez-vous ? Mais que faites-vous ici ?

— Le chalet que je loue est à Saint-Donat. La pêche n'a jamais été aussi bonne, Samuel. C'est un été formidable. Je viens faire le plein de nouveaux leurres. Et toi, tu es chez tes grands-parents ?

— Oui, pour quelques jours. Je n'ai pas pêché de l'été. Je n'en ai pas eu le temps. À Terre d'Espoir, on faisait plusieurs activités, mais pas de la pêche.

— Comment as-tu aimé l'expérience ?

— C'était pas mal. Par contre, il était temps que cela se termine. J'ai besoin de repos. Bientôt, l'école va recommencer. Et, comme d'habitude, les profs vont nous ramener assez vite à la réalité. Il faut que je sois en forme.

— Samuel, pourquoi n'irions-nous pas pêcher ensemble ? Aujourd'hui, j'ai promis à mon fils que nous irions aux glissades d'eau à Saint-Sauveur. Mais, demain, je suis libre. Qu'en penses-tu ?

— Excellente idée, monsieur Nelson !

— Cet été, j'ai trouvé les meilleurs endroits pour pêcher. J'ai passé de nombreuses heures à parler avec Johnny. Demain matin, à 9 h, ça te va ? Je passe te prendre au chalet de tes grands-parents ?

— Non, ce n'est pas nécessaire. Le chalet que vous louez, il est où ?

— Au lac Ouareau !

— Ce n'est pas très loin. Je vais y aller en vélo.

— C'est comme tu veux. Mais j'aurais pu aller te chercher.

— C'est gentil ! Donnez-moi votre adresse.

Samuel nota l'adresse du chalet dans son iPhone. Le Doc choisit quelques leurres et salua son nouveau compagnon de pêche. Samuel était heureux. Cette invitation surprise de son professeur lui faisait chaud au cœur. Finalement, il prit les mêmes leurres que lui, puis il passa à la caisse. Jean Vienneau le complimenta sur ses choix.

— Tu ne t'es pas trompé, Samuel ! Comme ça, tu t'en vas pêcher avec Winston ? C'est un bon pêcheur, mais il manque un peu d'assurance. Bonne pêche !

Avant de rentrer au chalet, Samuel s'arrêta au parc des Pionniers, à la plage municipale. Les vacanciers se prélassaient sur la plage. Ils étaient nombreux. Des couples, des familles, des enfants… Des adolescents de son âge, des filles et des garçons, jouaient au frisbee et rigolaient. Il les enviait. Vivrait-il encore des moments de bonheur avec ses amis ? Il en doutait. Tout semblait être fini. Il y avait une fille qui ressemblait à Audrey. Elle était belle, radieuse, pimpante. Sam la regarda. Puis il sentit une boule se former dans sa poitrine. Une douleur qu'il n'avait jamais éprouvée jusqu'alors. Il s'en voulait. Tenaillé par les remords et la culpabilité, il quitta le parc.

Le lendemain matin, Samuel se leva vers 7 h. Ses grands-parents, des gens matinaux, lui avaient préparé un déjeuner copieux. La veille, au souper, l'adolescent avait raconté aux membres de sa famille la rencontre qu'il avait faite chez Vienneau Sport. « Je m'en vais pêcher demain avec le Doc. Il m'a dit que la pêche serait bonne. » Mylène et Daniel avaient parlé à quelques reprises avec Winston Nelson à l'école, durant des rencontres parents-professeurs. Ils l'avaient trouvé charmant et inspirant. Et Sam leur en avait parlé si souvent. Ils savaient que le professeur de français avait une influence positive sur leur fils, qu'il l'amenait à se questionner, à réfléchir aux enjeux sociaux, à débattre sur la justice, à aiguiser son sens critique.

Samuel mangea avec avidité le déjeuner qu'on lui avait préparé. Comme la nourriture était savoureuse ! À Terre d'Espoir, il n'était pas allé jusqu'à critiquer ouvertement la cuisine comme l'avait fait William, mais il avait dû reconnaître qu'il y avait des faiblesses notables.

— Grand-papa, as-tu encore ton vélo ? Celui de Bob Lacourse. J'aimerais te l'emprunter.

— Bien sûr ! Mais j'ignore dans quel état il est.

— J'ai toujours aimé ce vélo, ce qu'il représente. C'est bien vrai qu'il a appartenu au célèbre cycliste québécois ?

— C'est lui-même qui me l'a donné. À sa boutique à Sainte-Thérèse. Un homme remarquable ! Il a fait du vélo jusqu'à quatre-vingt-quatre ans. Viens, Sam ! Allons voir s'il est en état de marche.

Le grand-père et le petit-fils allèrent dans le garage, où sommeillaient tant d'objets significatifs. Gamin, Samuel avait passé tant d'heures à jouer dans cette pièce. C'est là qu'il avait compris le sens du mot « trésor ». Le vélo était accroché au mur à côté du Big Weel, celui que Samuel avait usé à la corde à force de faire des sauts et des dérapages dans l'entrée du chalet.

— Le vélo est poussiéreux, dit Claude. On gonfle les pneus, on huile la chaîne et on est en business ! C'est une machine ! Sam, tu pourrais courir le tour de France avec ce vélo. Bob Lacourse était un as !

En effet, dans les Basses-Laurentides, l'homme était devenu une légende. Sa boutique de vélos dans le vieux Sainte-Thérèse avait longtemps été une référence. À l'époque, peu de Québécois étaient parvenus à faire leur marque dans ce domaine. Bob Lacourse y était arrivé. Il avait ensuite transmis aux jeunes de la région sa passion pour ce sport.

Comme de fait, malgré son âge avancé, après une légère mise au point, le vélo roulait à la perfection. Samuel attacha son équipement de pêche sur le porte-bagage, puis il prit la route du lac Ouareau. Vingt minutes plus tard, il arriva à destination. Winston Nelson et Éléonore Barbe étaient assis sur le quai, café fumant à la main, tandis qu'Eliot, le fils du Doc, avait les deux pieds dans l'eau, à la recherche d'écrevisses. Quand il vit Samuel, Winston se leva de sa chaise. Il était heureux d'accueillir son élève préféré dans son petit coin de paradis. Le professeur aimait de plus en plus les Laurentides. Il pensait sérieusement à acheter le chalet. Depuis quelques mois, le Doc vivait un bonheur qu'il n'avait plus cru possible. Éléonore et lui s'aimaient passionnément.

Souvent, son fils lui disait qu'il aurait aimé qu'Éléonore soit toujours avec eux.

— Samuel, attends, je viens t'aider.

D'un pas pressé, le Doc se dirigea vers son élève. Il prit le coffre que celui-ci avait déposé sur le sol, puis il dit :

— Samuel, je te remercie d'être là. Je suis honoré par ta présence chez moi. Viens, que je te présente mon fils.

Samuel suivit son professeur jusqu'au quai. Comme Winston, Éléonore aimait bien Sam. Elle trouvait qu'il vieillissait bien, qu'il contrôlait mieux sa colère. L'adolescent ne venait plus aussi souvent à son bureau. Parfois, il lui arrivait de cogner à la porte de la psy, juste pour la saluer. Éléonore aimait bien ces petites visites impromptues. Cela lui permettait de prendre des nouvelles de Sam. « Les premières séances n'ont pas été faciles, avait-elle dit à Winston. Il refusait de me parler. J'ai attendu qu'il s'ouvre. J'ai dû être patiente. Mais ce que j'ai découvert en lui est formidable. C'est un jeune plein de compassion. J'ai rarement vu une sensibilité aussi poignante chez un individu. »

— Bonjour, Samuel. Je suis heureuse de te voir. Comment vas-tu ?

— Je vais très bien, madame Barbe. Je vous remercie. Vous passez un bel été ?

— Exceptionnel ! L'air de Saint-Donat me fortifie. Winston m'a fait découvrir un endroit fabuleux. Je m'y plais.

— Je ne suis pas parvenu encore à en faire une pêcheuse, intervint le Doc, mais j'y travaille.

Sam vit pour la première fois le fils du Doc, Eliot. À l'école, Winston parlait très rarement de sa vie privée. Il lui était arrivé, à deux ou trois occasions, de partager avec ses élèves des moments inoubliables qu'il avait vécus avec son garçon. Sam savait par quoi le père et le fils étaient passés. Chaque fois qu'il avait entendu Winston parler de son fils, il avait été ému. Il avait ressenti tout l'amour que l'homme portait à son enfant.

— Bonjour, Eliot. Je m'appelle Samuel. Ton père est mon professeur. Il m'enseigne un tas de choses. Bien sûr à écrire correctement. Mais surtout à être responsable. Je suis ravi de te rencontrer. Tu sembles être très habile pour attraper les écrevisses. À ton âge, j'étais pas mal aussi !

— Mon père m'a parlé de toi. Il m'a dit que tu étais un idéaliste.

— Un idéaliste ! Wow ! Tu en connais, des mots ! Impressionnant pour un petit garçon !

— Pas si petit, Sam, intervint le Doc. Eliot a sept ans. Il sera plus brillant que moi !

— Mon père m'apprend plein de mots, reprit Eliot. Mais j'aime mieux quand il m'apprend des affaires plus utiles. Comme pêcher ou construire une cabane.

— Connaître des mots, c'est quand même très utile.

La discussion se poursuivit encore quelques minutes, le temps que Winston prépare la chaloupe. Eliot aurait aimé être de la partie. Le matin, il avait tenté de convaincre son père de l'emmener à la pêche. « Pas aujourd'hui, Eliot. Samuel et moi devons discuter. La prochaine fois, je te le promets. » Le petit avait maugréé un peu. Il avait retrouvé le sourire quand son père lui avait fait une promesse alléchante. « Ce soir, on ira manger une crème glacée au village. » Eliot et Éléonore, debout sur le quai, regardèrent les deux pêcheurs s'éloigner en leur envoyant la main. Une quinzaine de minutes plus tard, Winston ancra la chaloupe dans une petite baie. Les pêcheurs appâtèrent leurs lignes, puis ils les lancèrent à l'eau. Seulement quelques minutes plus tard, Samuel ferrait son premier achigan de la journée. Comme première prise, ce n'était pas mal ! On était loin du monstre espéré, mais la journée s'annonçait prometteuse. Vers la fin de l'avant-midi, après une pêche plus que satisfaisante, le prof et l'élève prirent une pause.

— Toi, Sam, tout va bien ? Les amis, les amours, tes combats…

— Pour être honnête avec vous, monsieur Nelson, c'est la catastrophe. Je n'ai jamais été aussi seul. Cette journée de pêche avec vous ne pouvait pas mieux tomber.

— Ah oui ! Toi, seul ? Explique-moi.

— Hilel et Jo ont pris leurs distances. On a eu des différends. On ne voit plus les choses de la même façon. Et j'ai gâché ma relation amoureuse avec Audrey. Elle m'a laissé. J'ai fait des choix, j'ai cru qu'ils étaient les meilleurs. Je ne sais pas s'ils me pardonneront un jour. Pour le moment, je trouve que c'est difficile. J'avais tout pour être heureux. Des amis, une blonde. Tout ! J'ai tout perdu à cause de mes convictions.

— Samuel, ne désespère pas. Ils reviendront vers toi. Les liens que tu as tissés avec ces gens sont forts. Ils reviendront, Samuel. Ils reviendront.

— Vous, monsieur Nelson, tout semble aller pour le mieux. Dans le Nord, écrivez-vous un peu ? Invitez-vous des amis ?

— Oui, j'écris souvent le matin. J'ai quelques idées de roman. Mais je ne suis pas rapide. Quant aux amis, ils viennent parfois me voir. Par exemple, la semaine dernière, Aimé Dimanche est venu me rendre visite.

— Enseigne-t-il toujours ?

— Il enseigne maintenant à l'Université de Montréal en sciences religieuses. Quelques jours... Mais il voyage beaucoup. Je sais qu'il est allé en Louisiane, à Cuba... Il s'ennuie de l'Académie. Pas de Robert Labri, mais des élèves.

— Est-il toujours aussi joyeux ? C'est fou, ce que cet homme inspirait le bonheur.

— La semaine dernière, il était plutôt tracassé, inquiet. Le temple vaudou qu'il fréquente a été incendié à la fin juin. Toutes les attaques que subit la communauté haïtienne le stressent. Avec raison.

Sam devint soudain mal à l'aise. Les actes de vandalisme ne s'étaient donc pas arrêtés. Sam sentit un autre poids lui tomber sur les épaules. Était-il responsable des représailles que subissait la communauté haïtienne de Montréal ? L'adolescent interrompit volontairement le Doc, car il voulait penser à autre chose. Le nom de Robert Labri lui vint à l'esprit, car le Doc l'avait prononcé un peu plus tôt dans la conversation.

— Avez-vous vu monsieur Labri à Saint-Donat ? Il vient quand même assez souvent. Je l'ai déjà rencontré au village dans le passé.

— C'est drôle que tu en parles. Je l'ai vu au restaurant la semaine passée. Ses parents sont propriétaires d'un chalet. Dans le coin de la Réserve. Ils sont très âgés. Robert leur donne un coup de main. L'été, il vient toujours pour une semaine ou deux, qu'il m'a dit. Bon ! On le pêche, ce monstre-là ? Ça nous ferait une bonne histoire à raconter en septembre à l'école.

Finalement, le Doc Nelson pêcha le plus gros poisson de la journée. Un achigan d'au moins six livres. Sans trop d'exagération. Samuel s'inclina devant le maître. L'avant-midi avait été formidable. Les deux pêcheurs amarrèrent la chaloupe au quai du chalet vers l'heure du dîner.

— Samuel, as-tu envie d'aller manger au casse-croûte du village ? La poutine est excellente !

Sam accepta l'invitation du Doc. Cette journée-là, au village, les touristes affluaient. Les commerçants ne pouvaient pas se plaindre. L'été clément leur permettait de faire de bonnes affaires. Au casse-croûte, les gens faisaient la file pour passer leur commande. Les employés, le front ruisselant de sueur, se démenaient dans la petite gargote. Peu pressés, les clients parlaient entre eux, profitant au maximum des vacances. Parmi eux se trouvait un homme que Samuel aurait préféré ne pas rencontrer : Robert Labri. C'était une des rares fois que Sam voyait le directeur de la discipline habillé de façon décontractée. Il portait un polo rouge et un bermuda kaki. Seuls ses vêtements étaient différents. Robert Labri, même en vacances, avait du mal à se détendre. Sa posture était la même. Le dos droit, le torse bombé, la tête haute. Et son visage semblait de marbre. Toutefois, lorsqu'il vit Sam et le Doc, il sourcilla. « Que font-ils ensemble, ces deux-là ? » Le Doc, par politesse, vint saluer le directeur de la discipline, aussitôt imité par Samuel. Labri fit comme s'il était heureux de les voir. Mais

Samuel savait pertinemment qu'il se posait un tas de questions, qu'il chercherait à savoir pourquoi le professeur et lui étaient ensemble. Pour éviter tout malentendu, il prit les devants :

— Bonjour, monsieur Labri ! Vous devez bien vous demander ce que je fais avec monsieur Nelson.

— Non, pas du tout ! Vous êtes en vacances… Vous pouvez bien faire ce que vous désirez.

— Je suis venu passer quelques jours chez mes grands-parents. Cela fait des années qu'ils ont un chalet ici. Hier, le Doc et moi sommes allés chez Vienneau Sport. Nous nous sommes rencontrés là-bas par hasard. Nous sommes passionnés par la pêche. Vous, en faites-vous un peu ?

— Un peu… un peu…

— Le Doc est un très bon pêcheur. Il a réussi à sortir un achigan de huit livres !

— De six livres, le corrigea le Doc.

— En effet, très impressionnant ! La lutte a dû être intéressante. L'achigan est très combatif.

— Monsieur Labri, vous ne cesserez jamais de m'étonner, lança Samuel, sur ton ironique, mais tout en demeurant poli. Je ne savais pas que vous mangiez dans les casse-croûtes. Si la diététiste de l'école vous surprenait, elle vous gronderait. Elle est loin d'être commode…

— Samuel, je suis en vacances. N'est-ce pas, mon cher Winston, nous pouvons bien nous relâcher un peu.

— Parfaitement d'accord avec vous, Robert. Par contre, cet été, je pense avoir abusé un peu trop du casse-croûte. Mon tour de taille me le rappelle.

La jeune fille au comptoir fit signe à Labri que sa commande était prête. L'homme prit le gros sac brun taché de graisse qu'elle lui tendait, puis la remercia sans conviction.

— On m'attend au chalet. Je vais y aller.

— À la prochaine, fit Winston, souriant. L'été n'est pas fini, Robert. Profitez-en !

— Oui, profitez-en, ajouta Samuel. Les élèves comme moi ne vous font pas chômer.

Labri n'apprécia pas la dernière remarque de Samuel, mais il n'en fit pas de cas. Il se contenta de soupirer et de dire :

— Je croyais que vous preniez l'été pour réfléchir un peu sur votre comportement. Je m'attends à ce que votre attitude soit plus posée, monsieur Laliberté. Nous devrions avoir une belle année scolaire. Vous saviez sûrement que William Chabot compte se présenter à la présidence. Je pense qu'il assumerait très bien ce rôle. Il est un exemple de droiture.

— Oui, il m'en a parlé. Mais il risque d'avoir une opposition assez musclée.

— Que voulez-vous insinuer ?

— Rien… Monsieur Labri, vous devriez y aller. Les frites sont meilleures quand elles sont chaudes.

Robert Labri monta dans sa voiture, inquiet. Samuel Laliberté préparait-il un coup d'éclat pour la rentrée scolaire ? Cela n'aurait pas été étonnant. « Ce jeune-là veut ma peau. Mais il ne l'aura pas. Il ne terminera pas son secondaire 5 à l'Académie François-Patenaude. Quant à Winston, son sort sera le même que celui de son ami haïtien. La direction n'appréciera pas d'apprendre qu'un de ses professeurs manque sérieusement d'éthique professionnelle. Depuis quand peut-on passer du temps avec nos élèves à l'extérieur de l'école ? »

Quand la jeune fille au comptoir remit au Doc le plateau sur lequel fumaient les deux poutines, une table à pique-nique se libéra. Samuel la réserva, puis le Doc l'y rejoignit. Au cours du repas, ils revinrent sur la rencontre qu'ils venaient d'avoir avec Robert Labri.

— Il ne l'a pas trop montré, mais je suis convaincu qu'il n'était pas content, dit Samuel. C'est de notoriété publique, il ne m'aime pas. Et puis vous n'êtes sûrement pas le prof qu'il préfère. J'espère qu'il ne vous embêtera pas trop.

— Robert Labri croit avoir plus de pouvoir qu'il n'en a en réalité. Il ne m'effraie pas. Probablement qu'il tentera de me discréditer. C'est ce qu'il fait depuis toujours. Mais je le répète, il fabule, il n'est pas aussi puissant qu'il le prétend.

— Pourriez-vous m'en dire davantage ?

— Pas vraiment, Samuel. Comme ça, William risque d'avoir de l'opposition ? Comptes-tu présenter ta candidature ?

— Peut-être…

— Intéressant ! Tu devrais y songer sérieusement. La prochaine année sera tumultueuse. À l'école et dans la société. Exercer le pouvoir dans un contexte comme celui-ci pourrait être très formateur.

— Une année tumultueuse, vous dites ?

— On nous parle d'austérité continuellement. Les élus exhortent les gens à se serrer la ceinture. Alors qu'ils continuent à dépenser effrontément, à s'octroyer des augmentations de salaire. Et la politique militaire du gouvernement fédéral est de plus en plus agressive. La guerre me fait peur. Bref, dans un contexte aussi difficile, tu pourrais sûrement être utile, ouvrir les yeux aux élèves de notre école. Il faut qu'ils soient plus conscients des injustices, des inégalités. Elles sont de plus en plus présentes. Si on ne fait rien pour les combattre, notre société en souffrira encore plus. Les prochaines années seront complexes, ardues. Ce n'est pas avec William Chabot que les jeunes de l'Académie seront plus sensibles. Sûrement pas !

— Intéressant, Doc… Mais, pour le moment, je dois me concentrer sur mes problèmes, pas sur ceux qui se dressent à l'horizon. J'ai du travail à faire. Beaucoup de travail.

Ils parlèrent ensuite de choses plus légères. Par exemple, le Doc ne manquait pas une occasion de rappeler à Sam qu'il avait pêché le plus gros poisson de la journée. Sam retourna au chalet de ses grands-parents au milieu de l'après-midi, conscient de la chance qu'il avait d'avoir un prof comme le Doc Nelson. « Chaque école devrait avoir son Doc. »

Chapitre 7

Samuel était de retour à Beauchêne. Son séjour à Saint-Donat lui avait permis de se changer les idées momentanément. Les dernières journées de vacances auraient été emballantes s'il avait pu les passer avec ses amis et Audrey. Ils seraient probablement allés dans la forêt du Grand Coteau, ou à la plage d'Oka. Souvent, il se demandait ce qu'ils faisaient, s'ils pensaient à lui. Cela faisait deux jours que Sam tournait en rond, ruminant sans cesse de tristes pensées.

L'adolescent mettait ses vêtements de sport dans son sac à dos, car il souhaitait aller faire un tour à l'école de danse pour prendre des nouvelles des gens avec qui il dansait, quand sa mère vint le voir dans sa chambre.

— Sam, Audrey désire te voir. Elle est dans l'entrée. Elle semble très triste. Hier, j'ai rencontré sa mère à l'épicerie. L'état de santé de sa grand-mère ne s'améliore pas.

Samuel sentit son estomac se contracter. Pourquoi Audrey venait-elle le voir ? Avant de se présenter devant elle, il prit de grandes respirations.

Ses mains étaient moites, son cœur tambourinait dans sa poitrine. Les deux adolescents se sourirent timidement quand ils se virent. Ce fut Audrey qui parla la première:

— Bonjour, Sam. Est-ce que je te dérange?

— Non, pas du tout. Je tourne en rond.

— J'aimerais te parler en privé. Dans un endroit discret. C'est assez important.

— Il y a toujours la cabane. Ça fait un bail que je n'y suis pas allé.

— D'accord.

— Tout de suite?

— Oui. Allons-y immédiatement.

Samuel et Audrey prirent leurs vélos respectifs pour se rendre à la cabane. Durant le trajet, ils parlèrent à peine. Ils étaient mal à l'aise. Ils se contentaient de pédaler et de contempler la nature. Sam regrettait les bons moments qu'il avait passés avec Audrey dans cette forêt qu'il protégeait. Il fut soulagé quand il vit la cabane. Elle était aussi droite que lors de sa dernière visite. Parfois, il craignait qu'elle soit découverte, que des jeunes malfaisants la vandalisent. Même si elle était bien modeste, rudimentaire, il ne voulait pas qu'on la touche. Cette cabane était significative. Elle renfermait des souvenirs, des secrets. Audrey éprouva soudain de la nostalgie. Quand Samuel déplia deux chaises pour qu'ils puissent s'asseoir, elle se rappela cette promenade en raquettes, ce jour où Samuel lui avait avoué son amour. Elle remercia Sam, puis ils s'assirent tous les deux.

— Sam, comment vas-tu ?

— Pour être honnête, je broie du noir. Par chance, j'ai rencontré le Doc à Saint-Donat. On a pêché ensemble. Mais, à part ça, ce n'est pas terrible. Et toi ? Ma mère m'a dit que ta grand-mère est encore hospitalisée. Tu dois être inquiète.

— Oui, elle ne va pas bien. Les médecins disent qu'elle peut nous quitter d'une journée à l'autre. C'est d'ailleurs pour ça que je suis venue te voir.

— À cause de ta grand-mère ?! Je ne te suis pas, Audrey.

— Tu pourrais peut-être la sauver…

— La sauver ?

— Oui. Depuis que tu m'as avoué que tu pratiquais le vaudou, je n'ai pu m'empêcher de faire des recherches sur le sujet. Comme à peu près tout le monde, je connaissais seulement les grandes lignes de cette religion. Au cours de mes recherches, j'ai appris que certains maîtres vaudous pouvaient guérir les gens souffrants, même ramener les morts à la vie.

— Tu sais, Audrey, il se dit bien des choses sur cette religion. Beaucoup de faussetés. Mais si on fait des recherches sérieuses, on peut constater que le pouvoir du vaudou est puissant. Très puissant. Certains maîtres sont capables de créer le miracle.

— Sam, quel genre de maître es-tu ?

— Drôle de question… Je pense que je suis assez doué. Probablement le meilleur du groupe. Au début, je pense que la grand-mère d'Hilel voyait ça comme un moyen de briser sa solitude. Je crois que je lui ai fait peur. Elle me l'a dit à quelques reprises, que j'avais une force spéciale en moi. Elle a vu plusieurs de ses amis sombrer dans le malheur à cause de ce pouvoir. Elle nous a dit d'arrêter parce qu'elle craint pour notre sécurité. Bref, je pense que je suis un grand maître.

— Alors, sauve ma grand-mère.

Samuel secoua la tête et émit un long soupir.

— Audrey, il y a à peine quelques jours, tu me rejetais parce que j'avais utilisé ce pouvoir en secret pour corriger des injustices dans notre monde… Et aujourd'hui tu me demandes d'utiliser cette force que je contrôle pour t'aider…

— Sam, je t'en prie, sauve-la. Je regrette ce que j'ai fait. Je t'ai repoussé. Je ne t'ai pas écouté. Je comprends mieux maintenant.

— Audrey, tu n'as pas à t'excuser. Je t'aime. Et je t'aimerai toujours, même si tu es loin de moi. Je ne laisserai jamais personne te faire du mal. Et je ferai toujours tout ce que je peux pour te rendre heureuse. Je n'ai jamais lancé de sortilèges de guérison, mais je sais ce qu'il faut faire. Vais-je réussir ? Je l'ignore. Mais je peux t'assurer que j'y mettrai toute mon énergie.

Audrey ferma les yeux un bref instant, puis elle prit délicatement les mains de Samuel, le cœur battant à vive allure. Les yeux embués de larmes, elle posa ses lèvres sur les siennes. Les deux amoureux s'embrassèrent et s'étreignirent, ce baiser étant aussi électrisant que leur premier.

— Audrey, ce baiser signifie-t-il que nous sommes à nouveau ensemble ?

— Pour le moment, je ne le sais pas, Sam.

— D'accord. Maintenant, il faudrait que je puisse aller au chevet de ta grand-mère. As-tu des objets qui lui sont chers ? Il m'en faut un.

— J'en trouverai. Ce n'est pas un problème.

— Tes parents ne trouveront-ils pas ça bizarre, que je t'accompagne à l'hôpital ?

— Je ne leur ai pas parlé de notre rupture. Au contraire, je pense qu'ils seront contents de te voir. Ils t'estiment beaucoup. D'ailleurs, hier, ils m'ont dit qu'ils s'ennuyaient de toi.

— Content de l'apprendre. Quand irons-nous voir ta grand-mère ?

— Ce soir. Ça te va ?

— Bien sûr !

Les deux adolescents rangèrent les chaises, puis ils montèrent chacun sur leur vélo. Samuel passa l'après-midi dans sa chambre, le nez plongé dans le livre d'Yveline Toussaint. Ce que lui demandait Audrey n'était pas simple. Selon ce qu'il lisait, celui ou celle qui se lançait dans cet exercice s'exposait à des dangers réels. L'auteure demeurait tout de même assez floue dans ses écrits. Quels risques le jeune maître vaudou prendrait-il en essayant de sauver la grand-mère d'Audrey? Vers 18 h, Samuel monta dans la voiture des St-Onge. En effet, tout le monde était ravi de le voir. Les parents d'Audrey étaient curieux de savoir ce qu'il faisait depuis son retour à Beauchêne.

— On ne te voit plus ! s'écrièrent-ils en chœur.

— J'ai passé quelques jours à Saint-Donat chez mes grands-parents. Mon père et ma mère avaient besoin de prendre une pause. Ils travaillent peut-être un peu trop.

— Comme nous, dit Mme St-Onge. Cet automne, pour l'Action de grâce, si nous le pouvons, nous prendrons quelques jours de vacances. Il le faut. Nous en avons besoin. Nous sommes épuisés. On pensait aller dans le Maine. Tu pourrais nous accompagner.

— C'est gentil, répondit l'adolescent en baissant la tête pour éviter le regard d'Audrey.

Samuel n'aimait pas les hôpitaux. Chaque fois qu'il y mettait les pieds, il sentait un poids sur ses épaules. La souffrance des gens l'affligeait. Il admirait tous ceux et celles qui œuvraient auprès des malades. Les conditions dans lesquelles ils devaient travailler n'étaient pas faciles. Les défis auxquels ils faisaient face étaient complexes. La société était vieillissante; les besoins se multipliaient. Et les ressources se faisaient plus rares. Cette nouvelle réalité interpellait Samuel. Il lui arrivait d'en parler avec ses parents et des aînés. Son père lui avait déjà raconté l'histoire de *Soleil vert*, un film qu'il avait adoré. « Un film extraordinaire adapté d'un roman d'anticipation. Dans cette histoire, le gouvernement élimine les gens qu'il juge inutiles à la société. Ce qu'ils font ensuite est assez horrible. » Bien sûr, l'auteur de cette fiction allait très loin. Sam en était conscient, comme son père. Par contre, des histoires comme celle-là provoquaient des réflexions. C'est ce que Sam aimait.

Quand il vit la grand-mère d'Audrey, il éprouva de la tristesse et de la compassion. Il ne put s'empêcher de penser à ses grands-parents et à ses arrière-grands-parents. Il en avait, de la chance! Ils étaient tous encore vivants. Mais Samuel savait que la mort les guettait. Que le temps s'effritait. La dame était amaigrie, les yeux fermés. Audrey s'approcha d'elle et lui toucha la main. Elle se tourna vers ses parents et elle leur demanda:

— Papa, maman, est-ce que je pourrais rester seule avec grand-mère?

— Bien sûr, répondirent-ils.

Sam ne savait pas trop ce qu'il devait faire. Audrey vit bien qu'il semblait embarrassé.

— Samuel, reste, dit-elle. J'ai besoin que tu sois à mes côtés.

Quand les parents d'Audrey quittèrent la pièce, Sam vint près du lit. Il ferma les yeux, prit de grandes respirations, puis il posa ses mains sur le corps de la dame. Pour le moment, il cherchait à se connecter à elle. Son intention n'était pas de la guérir ce soir. Le chemin vers la guérison serait ardu. Il voulait tout simplement voir la dame, passer un peu de temps avec elle. Quand il rouvrit les yeux, Samuel fixa Audrey. Celle-ci lui montra un petit cadre. Il y avait à l'intérieur une magnifique photo. Une photo de famille. Les grands-parents posant fièrement avec leur descendance. Une photo empreinte d'amour et de richesse.

— C'est ce en quoi ma grand-mère croit le plus, dit Audrey, la larme à l'œil. Il te faut un objet significatif, c'est ce que tu m'as dit. Je le mets dans mon sac. Je te le donnerai plus tard.

Quelques minutes plus tard, les parents d'Audrey revinrent dans la chambre. Sam ne voyait pas souvent le père d'Audrey, qui était très occupé par son travail. Il savait qu'il exerçait le métier de comptable, mais sans plus. On disait qu'il avait de nombreux clients, comme des entrepreneurs importants. Jonathan lui avait dit qu'il était très proche d'Henri Chabot… Mais Sam n'avait pas cherché à en savoir plus… L'homme semblait affligé. Ses yeux étaient cernés. Manifestement, il s'inquiétait pour sa mère. Il avait peur. Peur de la perdre. Vers 20 h, une infirmière vint les informer que les visites étaient terminées.

— Nous partirons bientôt, dit le père d'Audrey. Mais laissez-nous encore quelques minutes.

M. et Mme St-Onge restèrent dans la chambre tandis que Sam et Audrey retournaient à la voiture.

— Qu'est-ce que tu vas faire maintenant ? demanda Audrey.

— Je dois me trouver un endroit tranquille pour commencer le travail.

— Où iras-tu ?

— Probablement à la cabane…

— Tu n'as pas peur de te faire surprendre par Hilel et Jo ?

— La cabane, on l'a construite ensemble. Mais l'idée venait de moi. Maintenant que nous ne sommes plus amis, je ne crois pas qu'ils y retourneront. Ils auraient trop peur de tomber sur moi. C'est probablement l'endroit le plus sécuritaire que je connaisse. Mais, avant, je dois aller à Montréal.

— Pourquoi ?

— Là-bas, il y a une boutique vaudou. Une vraie. Ils ne vendent pas que des babioles pour les touristes. La grand-mère d'Hilel achète tout ce dont elle a besoin dans cette boutique. J'y suis allé cet été. Le même jour où je suis allé voir Tommy. Veux-tu m'y accompagner ? On prendra le bus, puis le métro.

— D'accord.

Le lendemain, il était au moins 14 h quand les deux adolescents entrèrent dans la boutique de Salomon Bolivar. Audrey était inquiète. Pour elle, le vaudou, malgré les lectures qu'elle avait faites, demeurait un monde obscur, mystérieux. Samuel avait tenté de la rassurer, mais sans trop de succès. La dame derrière le comptoir était la même que la fois précédente. Sam lui sourit, puis il lui tendit le papier sur lequel il avait noté tout ce dont il avait besoin pour procéder à son rite.

— Ce n'est pas la première fois que vous venez, n'est-ce pas ?

Samuel ne voulait pas en dire trop. Il se contenta d'acquiescer.

— Vos demandes sont précises. Je vends très rarement les herbes que vous voulez. Que désirez-vous faire ?

— Les avez-vous ? répondit Sam sur un ton ferme.

— Oui, je les ai.

— Alors, j'aimerais les avoir.

— Elles sont chères…

— Madame, donnez ces herbes à mon ami, intervint Audrey. Nous avons de l'argent. Ne vous inquiétez pas pour le paiement.

La dame, un peu froissée, alla dans l'arrière-boutique. Au même moment, la porte du magasin s'ouvrit et deux hommes entrèrent. Quand Samuel les vit, son visage devint livide.

— Sam, ça va ? On jurerait que tu viens de voir le démon.

— C'est tout comme, répondit-il. On s'en va.

— La dame sera sûrement de retour dans une minute ou deux. On s'en ira ensuite.

— Non, il faut partir tout de suite.

Mais il était trop tard. Kevin Boucher et Andrade Michaud n'avaient pas l'intention de laisser sortir les deux adolescents. Kevin se posta devant la porte, en poussa le verrou, puis tourna le petit écriteau indiquant que le magasin était maintenant fermé. Pendant ce temps, Andrade se déliait les bras et se craquait le cou.

— La boutique est fermée, dirent les deux hommes en regardant les adolescents.

Kevin et Andrade ne chômaient pas depuis quelques semaines. Les actes de vandalisme qu'ils avaient commis tout au long de l'été pour effrayer la communauté haïtienne avaient fait les manchettes. Ils n'étaient pas encore parvenus à trouver celui ou celle qu'ils recherchaient, mais ils étaient sûrs qu'ils allaient y arriver. Ils ne voulaient pas commettre d'erreur. Henri Chabot était impatient de punir le responsable de ses déboires, mais il faisait confiance à ses deux hommes de main. « Nous voudrions faire les choses plus rapidement, mais c'est un monde complexe. Bientôt, les gens parleront. On sent qu'ils ont peur. » Depuis un certain temps, ils étaient sur le cas de Salomon Bolivar. Ils se postaient devant sa boutique et observaient ses allées et venues. Ils lui avaient déjà parlé. Le marchand faisait l'idiot, mais Andrade et Kevin ne marchaient pas. L'homme leur cachait son passé. Grâce à des contacts qu'ils avaient, Andrade et Kevin avaient compris que Salomon Bolivar n'était pas l'homme qu'il prétendait être. Quelques minutes plus tôt, lorsqu'ils avaient vu Sam et Audrey entrer dans la boutique, ils avaient écarquillé les yeux. Tout de suite, Andrade, qui avait une mémoire d'éléphant, avait reconnu le jeune homme. « C'est le petit rebelle qui a failli pisser sur la banquette arrière du camion. L'idéaliste qui menaçait de perturber la conférence de presse. Ça fait des semaines qu'on cherche un maître vaudou dans la communauté haïtienne. Le fauteur de troubles, c'est sûrement lui. » Les hommes étaient sortis de leur véhicule, convaincus d'avoir bouclé leur enquête.

— Le rebelle de l'Académie François-Patenaude ! dit Andrade. Qu'est-ce que tu viens faire dans une boutique vaudou ?

— Un travail de recherche, mentit Samuel.

— Dans mon temps, on n'allait pas à l'école l'été. Tu es un mauvais menteur. Je ne le répéterai pas deux fois. Qu'est-ce que tu fais ici ?

— Et vous ?

— Et vous ? répéta Andrade, comme s'il était offensé. Tu as la mémoire courte, garçon. Mon ami et moi posons les questions. Ne fais pas le malin en nous les retournant. Contente-toi de répondre. J'espère que tu m'as compris. Nous cherchons quelqu'un. Un individu qui a fait du mal. Ta présence dans cette boutique nous embarrasse.

Alors qu'Andrade cherchait à intimider Samuel, Kevin s'approcha d'Audrey et la fixa du regard.

— Parle-nous, Samuel, dit-il sans quitter la jeune fille des yeux. Quand on s'est vus cet automne, tu as failli faire dans tes culottes. On n'a pas la réputation de faire dans la dentelle. S'il le faut, on s'en prendra à ta copine. C'est quoi, son nom ?

— Ne la touchez pas ! hurla Samuel, le visage rouge de colère.

Alertée par le cri de Samuel, Régine Bolivar revint de l'arrière-boutique. Quand elle vit les deux hommes, elle comprit qu'il y avait un problème.

— Messieurs, puis-je vous aider? demanda-t-elle, calme.

— Oui, répondit Andrade. On vous demanderait de rester tranquille. Nous avons quelques questions à poser à ce jeune homme.

— Messieurs, si vous n'avez rien à acheter, je vous prierais de sortir immédiatement.

— Ma chère dame, reprit Andrade, nous ne sortirons pas d'ici tant que nous n'aurons pas obtenu ce que nous voulons. Vous avez intérêt à coopérer. En passant, vos enfants sont charmants. Je ne voudrais surtout pas qu'il leur arrive malheur. Ce serait bien triste…

Andrade et Kevin continuèrent leur petit exercice d'intimidation. Pendant ce temps, à l'extérieur, Salomon Bolivar marchait d'un pas preste. Sa fille lui avait dit qu'elle souhaitait passer une partie de la journée avec les enfants. Son mari et elle comptaient les amener à La Ronde. Salomon était à quelques mètres de la boutique quand il remarqua qu'elle était fermée. « Pourquoi Régine a-t-elle fermé le magasin? se demanda-t-il. Les enfants sont-ils malades? C'est étrange. S'il y avait eu une urgence, elle m'aurait téléphoné. » Curieusement, l'homme eut un mauvais pressentiment. « Ils sont venus, se dit-il. Je suis sûr qu'ils sont là. » Salomon s'approcha de la boutique, puis, discrètement, il regarda à l'intérieur par une fenêtre. Quand il vit les deux hommes qu'il redoutait, son cœur s'emballa. « Je vous attendais, salopards. Vous paierez pour tout le mal que vous avez fait. » Le commerçant entra subrepticement dans la boutique par la porte arrière. Andrade et Kevin étaient convaincus qu'ils contrôlaient parfaitement la situation quand Salomon arriva de façon inopinée par l'arrière-boutique. Comme d'habitude, il fit un peu l'idiot.

— Bonjour, tout le monde ! Messieurs, toujours en quête de spiritisme ?

L'arrivée de Salomon Bolivar surprit tout le monde. Andrade et Kevin l'avaient vu quitter un peu plus tôt la boutique. Ils ne s'attendaient pas à le voir revenir si vite. Salomon profita de l'effet de surprise pour s'approcher des intrus. Lorsqu'il fut tout près d'eux, il leur souffla au visage une poudre qu'ils inhalèrent aussitôt. Instantanément, les deux hommes s'écroulèrent. Un peu comme William au camp Terre d'Espoir. Salomon resta calme, alors que les autres semblaient stupéfaits.

— Papa, que viens-tu de faire ?

— Je viens tout simplement de mettre un terme à une situation qui ne pouvait plus durer, répondit l'homme en regardant les deux adolescents. Bonjour, Samuel ! Je m'appelle Salomon Bolivar. Je suis enchanté de te rencontrer enfin.

Samuel fixa le marchand, perplexe.

— Vous me connaissez ?

— Yveline Toussaint m'a parlé de toi. Plutôt stupéfiant, tout ce que tu as réussi à faire en si peu de temps. Manifestement, tu es un jeune homme entêté. Tu ne sembles pas prendre au sérieux les recommandations d'Yveline. Elle a pourtant été très claire. Éloigne-toi du vaudou. Tu es jeune et insouciant. Tu ignores les dangers auxquels tu t'exposes.

— Monsieur Bolivar, je veux tenter une nouvelle expérience. Une dernière…

— Quelle est ta nouvelle cible ? Un escroc ? Un politicien corrompu ?…

— Non ! Je veux guérir la grand-mère de mon amie. Elle est à l'hôpital depuis plus d'une semaine et son état de santé se détériore de jour en jour.

— Guérir une personne souffrante ! C'est un projet ambitieux. Tes chances de réussir sont nulles. Seuls les grands maîtres vaudous y parviennent. Et encore…

— Je suis un grand maître, affirma Samuel avec conviction.

— C'est ce que mon amie Yveline prétend. Nous en reparlerons. Pour le moment, vous allez tous m'aider à transporter nos deux invités dans le sous-sol du magasin. Mes clients n'apprécieraient pas de se buter à ces chers messieurs.

Malgré les circonstances, Samuel conservait son sang-froid. En revanche, Audrey avait de la peine à respirer. Elle était terrorisée, complètement tétanisée. Sam tenta de la rassurer, en vain. Descendre Andrade et Kevin par l'escalier menant au sous-sol ne fut pas une mince affaire. À deux reprises, ils les échappèrent, mais sans trop de dégât. Le sous-sol de la boutique était loin d'être banal. En regardant tout ce qu'il contenait, Samuel comprit tout de suite que Salomon Bolivar n'était pas un simple marchand. Des objets splendides, des plantes, des instruments de musique, des icônes. Des choses uniques que l'homme conservait précieusement. Au milieu de la grande pièce, il y avait deux grandes boîtes en bois rectangulaires. Salomon pointa l'index dans leur direction.

— Déposons-les dans les boîtes, dit-il.

Aussitôt, Régine, effrayée, intervint :

— Papa, pourquoi ? Je n'aime pas trop ce que je vois.

Audrey, qui se contenait depuis le début, finit par craquer.

— Vous les avez tués ! Ils sont morts, hurla-t-elle. Vous avez tué deux hommes. Comme ça, en leur soufflant une poudre au visage. Mon Dieu, qui êtes-vous ? Sam, on fout le camp d'ici.

— Calme-toi, jeune fille. En effet, ces deux vandales semblent morts. Un médecin légiste pourrait certifier qu'ils le sont. Mais je ne les ai pas tués. Et je ne compte pas le faire. Par contre, ces deux individus sont dangereux. Depuis quelques semaines, ils s'attaquent aux gens de ma communauté.

— Mais pourquoi voulez-vous que nous les déposions dans ces boîtes ? demanda Audrey, troublée. Ce sont des cercueils.

— Parce qu'il veut en faire des zombies..., expliqua Samuel.

— Papa, dis-moi qu'il se trompe, lança Régine.

Des zombies ! Cette histoire dépassait tout entendement. Régine et Audrey en avaient le souffle coupé. Seul Samuel restait stoïque.

— La zombification, fit Salomon. Samuel, que penses-tu de ce phénomène vaudou ? Crois-tu qu'il est possible de ramener les morts à la vie ?

— Bien sûr ! répondit le jeune maître. Par contre, j'apporterais quelques précisions. On peut ramener à la vie des gens que tout le monde croit morts. Cette pratique est assez courante en Haïti. Dans la littérature, on rapporte de nombreux cas de zombification. Zora Heale Hurston a bien étudié le phénomène. Dans un livre qu'elle a publié dans les années 1940, elle a révélé les conclusions d'une enquête qu'elle a menée sur un cas assez spécial, celui de Felicia Felix-Mentor. Enfin, les pouvoirs du mari d'Yveline Toussaint étaient assez puissants. Il l'aurait fait à quelques reprises.

— Tu es bien renseigné, Samuel. Où prends-tu toutes tes informations ?

— Dans un livre qu'a écrit votre bonne amie. D'ailleurs, je me souviens d'y avoir vu votre nom. J'y ai lu qu'un sorcier expérimenté, vraiment doué, pourrait, lors d'une cérémonie, créer des zombies.

— Quel est l'intérêt de créer des zombies ? demanda Audrey. C'est trop pour moi. Dites-moi que je suis dans un mauvais rêve.

— Les zombies sont des marionnettes, précisa Régine. Ils sont sous l'emprise du sorcier qui les a ramenés à la vie. Ils n'ont plus de personnalité. Ils exécutent ce que le sorcier leur demande de faire. En Haïti, à une certaine époque, des sorciers adeptes de la magie noire manipulaient certaines personnes influentes du gouvernement. Dans le milieu vaudou, on raconte qu'il y aurait parmi les gens influents de notre société plusieurs zombies.

— C'est du délire, fit Samuel.

— Peut-être, rétorqua Salomon. Mais, quand je vois les décisions prises par les maîtres, ceux qui nous gouvernent, je me pose de sérieuses questions. J'ai parfois l'impression que les choix qu'ils font sont dictés par des gens plus puissants qu'eux. Je ne serais pas étonné d'apprendre qu'ils sont manipulés. Mais bon… c'est une autre histoire.

— Monsieur Bolivar, que comptez-vous faire de ces deux hommes ? l'interrogea Samuel. Des zombies ?

— Non, Samuel. Par contre, je vais prendre les moyens dont je dispose pour les envoyer loin d'ici. Quand ils se réveilleront, probablement à Miami ou à La Nouvelle-Orléans, ils seront totalement perdus. Ils en auront pour des mois à tout remettre en ordre. Pour un bon moment, ma communauté sera en sécurité.

— Les deux boîtes dans cette cave… c'est parce que vous les attendiez ? demanda Samuel.

— Oui, je les attendais. Yveline a des visions. Dans le passé, si elle n'avait pas été là, nous n'aurions jamais réussi à échapper à nos opposants. Si je suis ici aujourd'hui, au Québec, c'est bien grâce à elle. Yveline nous prévenait toujours. Elle les avait vus et elle nous avait informés de ce qu'ils voulaient faire.

— Papa, qui se chargera de les emmener là-bas ? Pas toi, j'espère…

— Non, sûrement pas moi. Je suis trop vieux pour ces jeux-là. Je laisse ces activités aux plus jeunes. J'ai quelqu'un en tête. Et ne t'inquiète pas, Régine, ce n'est pas ton mari.

— Monsieur Bolivar, maintenant, j'aimerais avoir ce que je suis venu chercher ici, dit Samuel d'un ton affirmatif.

— Décidément, jeune homme, tu as la tête dure. Yveline t'a prévenu. Fais une croix sur le vaudou. Ta petite amie et toi allez sortir d'ici. Je ne veux plus jamais vous voir. Tu m'as compris ?

— Non ! Je ne partirai pas. Je veux sauver la grand-mère d'Audrey. Et vous ne m'en empêcherez pas.

La fougue de Samuel ne laissa pas Salomon Bolivar indifférent. Ce dernier était curieux de voir jusqu'où le gamin était capable d'aller. « Quelle tête de cochon, celui-là ! Et s'il était capable de le faire ?… Cela confirmerait certaines choses… »

— J'accepte de vous aider. Samuel, je te donnerai tout ce dont tu as besoin. Si les choses tournent mal, il faudra m'en informer. Ce que tu t'apprêtes à faire est complexe et dangereux. Je suis un vieil homme. Un casse-pied, peut-être. Mais j'ai vu tant de choses… Le mal, la mort, les ténèbres… Sois prudent.

Quelques minutes plus tard, Régine remettait à Sam un sac contenant les herbes qu'il était venu chercher. Audrey avait été si ébranlée par tout ce qu'elle venait de vivre qu'elle éclata en sanglots.

Salomon et Régine l'étreignirent chacun leur tour.

— Tu es forte, jeune fille, dit l'homme. Ta grand-mère a de la chance d'avoir une petite-fille comme toi. Veille sur ton ami. Il aura besoin de ton soutien, de ta présence.

— Merci, monsieur Bolivar.

Le retour à Beauchêne se fit dans le silence. Sam et Audrey avaient besoin de mettre de l'ordre dans leurs idées. Même Sam, qui avait vécu depuis presque un an plusieurs expériences sortant de l'ordinaire, était secoué. Il tentait de se remémorer tout ce que Salomon Bolivar lui avait dit, celui-ci ayant laissé planer de nombreux mystères. Dès leur sortie de l'autobus, les deux adolescents se dirigèrent vers un parc où ils s'assirent sur un banc. Deux enfants jouaient dans les jeux modulaires, sous le regard attendri d'un couple de personnes âgées, probablement leurs grands-parents.

— Quand j'étais petite, je venais souvent ici. Ma grand-mère me gardait plusieurs fois par semaine, mes parents étant très occupés par leur travail. Elle était patiente, rassurante, aimante. Elle m'a appris tellement de choses. Des jeux de cartes, des bricolages, des recettes… Je l'aime tellement. Sam, tu n'es pas obligé de le faire. Monsieur Bolivar t'a prévenu. C'est dangereux…

— La peur fait partie de ma démarche, Audrey. Je pense que je peux guérir ta grand-mère. Si je n'essaie pas, je ne saurai jamais si j'en ai la force. Audrey, je ferais tout pour toi.

— Mais je t'ai rejeté...

— Tu avais raison de le faire... Demain matin, j'irai à la cabane et j'entreprendrai le travail.

— Tu resteras prudent?

— Comme toujours...

Audrey caressa les cheveux de Samuel. Comment pouvait-il vivre avec un tel pouvoir? Elle comprenait la complexité des sentiments qu'il pouvait éprouver. Souhaitait-il qu'elle l'embrasse? Sûrement... Mais elle se sentait confuse. Parfois, elle voulait l'embrasser, se coller contre lui. Alors que, d'autres fois, elle se figeait.

— Tu es beau, Sam. Je dois retourner chez moi. Tu me tiens au courant?

— Oui, sans faute. Je t'aime, Audrey...

— Je le sais... On se voit plus tard.

Samuel regarda Audrey s'éloigner. Il se questionna sur ses véritables intentions. Tentait-il l'expérience pour se connaître davantage? Ou parce qu'il cherchait à se faire pardonner? Audrey le rendait si heureux. Depuis qu'ils n'étaient plus ensemble, la vie était plus morose, plus grise. Même s'il réussissait, reviendrait-elle auprès de lui? Avait-il tout gâché? Pourrait-elle de nouveau lui faire confiance ? Toutes ces questions le hantaient. Enfin, il se leva. Les prochains jours seraient éprouvants. Plus qu'il ne pouvait l'imaginer…

Chapitre 8

Cela faisait au moins une semaine que Samuel se rendait à la cabane. Il partait très tôt le matin, muni de son sac à dos et de sa canne à pêche. Avant de se plonger dans son exercice mystique, il passait une heure ou deux à pêcher. Cette activité qu'il aimait de plus en plus lui permettait de se détendre, de se reposer un peu. Jamais il ne s'était senti aussi fatigué. Les heures qu'il consacrait à la mission qu'il s'était donnée l'épuisaient. En fin de journée, il rentrait à la maison, complètement exténué, vidé de toute énergie. Il mangeait en vitesse avec sa famille, puis il allait se coucher. Ses parents ne comprenaient pas pourquoi il était si fatigué. « Probablement que son travail de cet été est en train de le rattraper. C'était peut-être un peu trop. Il aurait dû enseigner à l'école de danse. » Daniel et Mylène essayaient de faire comprendre à leur fils qu'il devait se ménager un peu, qu'il pouvait prendre du bon temps sur le bord de la piscine, mais il leur répondait que tout allait bien. Il mentait. Son corps lui faisait mal. Il avait l'impression qu'il vieillissait prématurément. Lorsque Audrey lui téléphona pour lui dire que sa grand-mère se portait un peu mieux, il eut un bref élan d'énergie.

— Et toi, tout va bien ?

Sam aurait eu envie de lui avouer qu'il était sur le point de craquer, de s'effondrer, mais il préféra taire ses souffrances.

— Je me porte à merveille. Ne viens surtout pas à la cabane. Il faut que je reste dans ma bulle.

Samuel invoquait toujours le même esprit, celui en qui il avait le plus confiance. Pour ce dieu, il pouvait danser des heures. Il lui arrivait d'avoir des visions étranges et bouleversantes. Des images de souffrance, de malheur, de tristesse. Quand elles envahissaient son esprit, il peinait à rester debout. Parfois, elles étaient si difficiles à supporter qu'il s'effondrait par terre, effrayé. Un soir, il ne revint pas à la maison. Ses parents, inquiets, téléphonèrent à ses amis. D'abord Hilel et Jo. Quand ceux-ci leur dirent qu'ils n'avaient pas vu Sam depuis leur retour de Terre d'Espoir, Daniel et Mylène furent très étonnés.

— Nous pensions qu'il passait ses journées avec vous.

Leur inquiétude s'accrut lorsqu'ils parlèrent à Audrey.

— Non, il n'est pas avec moi. J'ai passé une partie de la journée à l'hôpital au chevet de ma grand-mère.

Daniel et Mylène, même s'ils sentaient que quelque chose clochait, essayaient de se raisonner. En temps normal, quand il ne mangeait pas avec eux ou qu'il décidait de rentrer plus tard, Samuel les prévenait toujours.

— Il a sûrement oublié, dit Daniel. Il est un peu perdu ces temps-ci. S'il n'est pas ici à 10 h, on poussera plus loin nos recherches.

L'appel de Daniel et de Mylène sema une graine d'inquiétude dans l'esprit d'Audrey. Samuel lui avait dit qu'il ne voulait pas qu'elle vienne le voir à la cabane. Mais elle avait un mauvais pressentiment. Au risque de le mettre en colère, elle décida d'aller y jeter un coup d'œil. Quand elle y entra, elle tressaillit. Samuel était étendu par terre, inconscient. Il respirait, mais faiblement. La jeune fille tenta de le réveiller, en vain. Elle était paniquée, impuissante. Que pouvait-elle faire ? Elle pensa alors à Hilel et à Jo. Elle leur téléphona. Les deux amis étaient au Petit Cochon. Ils avaient décidé de manger ensemble. Depuis leur retour de Terre d'Espoir, c'était la première fois qu'ils se revoyaient. Hilel passait beaucoup de temps avec Océane, car ils s'étaient ennuyés l'un de l'autre. Ils ne se lâchaient plus. Ils avaient eu l'idée de faire du camping. Ils étaient allés dans les parcs nationaux, comme celui de Tremblant et d'Oka. Ils ne l'avaient pas regretté. Quant à Jo, il était souvent seul, Lili étant partie avec ses parents à Mirtle Beach. Quand Audrey leur demanda de l'aide, ils acceptèrent sans poser de question. En les attendant, elle fit un petit ménage dans la cabane, rangeant dans le sac à dos de Sam tout ce qu'elle croyait être un objet de culte. Quand Hilel et Jo arrivèrent, trente minutes plus tard, l'adolescente était assise auprès de Sam. Elle était un peu plus calme, car il n'était plus inconscient. Même s'il semblait comprendre ce qu'elle lui disait, il était confus. Il avait mal, mais était incapable de dire où précisément. Son front était ruisselant de sueur. Probablement qu'il avait une terrible fièvre. Audrey, Hilel et Jo s'éloignèrent un peu de Sam afin de pouvoir parler sans qu'il les entende.

— Audrey, que s'est-il passé ? demanda Hilel, inquiet. Sam a l'air mal en point.

— Ses parents m'ont téléphoné. Ils le cherchaient. J'ai senti qu'ils étaient inquiets. Normalement, Sam téléphone quand il est en retard. J'ai pensé qu'il était ici. Quand je suis arrivée, il était inconscient. Il faut le ramener chez lui.

— Penses-tu qu'il peut marcher ? l'interrogea Jo.

— Peut-être. Mais il semble souffrir terriblement.

— Je vais le porter, proposa Hilel. Dans mes entraînements, les charges que je soulève sont beaucoup plus lourdes.

Avant de se mettre au travail, Hilel fit quelques exercices d'étirement. Même s'il savait qu'il avait la force de traîner Sam, il était conscient que la tâche ne serait pas facile. Il ne voulait pas se blesser, mais surtout il ne voulait pas aggraver le cas de son ami. Pendant ce temps, Jo observa l'intérieur de la cabane qu'il trouva parfaitement rangé. Sam aimait que tout soit à sa place, mais il n'en faisait pas une fixation. Curieux, Jo se mit à fureter un peu. Sur le plancher, sous la table, il trouva une fine tige d'une herbe qu'il ne connaissait pas. Pourtant, ses connaissances en la matière étaient assez vastes. Il la ramassa, intrigué.

— Audrey, Sam et toi, vous vous voyez encore ? demanda-t-il, suspicieux. Est-ce que vous avez passé du temps ensemble depuis notre retour de Terre d'Espoir ?

— Non, mentit-elle maladroitement. Sam et moi avons besoin de prendre nos distances.

— Je n'ai toujours pas compris votre rupture soudaine. Vous étiez si près l'un de l'autre. Comment peut-on mettre fin si abruptement à une relation ? C'est étrange… tu ne trouves pas ?

— Jo, cela ne te regarde pas. Nous avons nos raisons…

Jo sentait qu'Audrey lui cachait la vérité. Il ne la croyait pas. Quelque chose de mystérieux s'était passé dans la cabane et il allait découvrir ce que c'était. Et le brin d'herbe qu'il avait dans la poche allait peut-être le mettre sur une piste.

Hilel ne prit aucune pause. Fort, vaillant, il porta Sam sur son dos. Celui-ci lui disait qu'il était en mesure de marcher, mais Hilel ne voulait rien entendre.

— Tu ressembles à une loque, pauvre idiot. Veux-tu bien me dire ce que tu as fait ? On croirait qu'un train t'est passé sur le corps.

Lorsqu'ils sortirent de la forêt du Grand Coteau, ils trouvèrent les parents de Samuel qui les attendaient. Audrey avait prévu le coup. Elle leur avait téléphoné avant de quitter la cabane.

Quand Mylène et Daniel virent Samuel, ils eurent un choc. Son regard était vitreux ; son teint, livide. Jamais ils n'avaient vu leur fils dans un état pareil. Se pouvait-il qu'il ait pris quelque chose d'illégal ? Curieux, inquiets, ils lui posèrent quelques questions.

— Non, je n'ai rien pris. Franchement, vous savez bien que tout ça ne m'intéresse pas. Amenez-moi à la maison. Je suis fatigué. Je veux mon lit.

Dès son arrivée chez lui, Sam alla se coucher. Anxieux, Mylène et Daniel téléphonèrent à leur bonne amie Andrée, leur voisine, qui était urgentologue à la Cité de la santé de Laval. Elle leur promit d'arriver le plus vite possible. En attendant, Mylène et Daniel discutèrent avec les amis de leurs fils.

— Il était à la cabane, raconta Audrey. J'y suis allée tout de suite après votre appel. Quand je l'ai vu, j'ai eu le réflexe d'appeler Hilel et Jo.

— On savait qu'il allait pêcher, dit Mylène. Depuis quelques jours, il apportait avec lui sa canne à pêche. Saviez-vous ce qu'il faisait à la cabane ?

— Non, répondirent-ils.

Hilel et Jo ne se doutaient de rien. Mais Audrey savait ce que faisait Sam. Salomon Bolivar les avait bien prévenus. « C'est une entreprise hasardeuse. Un sort d'une grande complexité où les dangers sont énormes. Seuls les grands maîtres y parviennent. Et encore… » Audrey était convaincue que l'état de santé de Sam était lié à la demande qu'elle lui avait faite. Mais que pouvait-elle faire ? Tout révéler à ses parents ? Sam ne le lui pardonnerait jamais.

— Je me doutais qu'il n'allait pas si bien, affirma Daniel. Il était fatigué. Normalement, il est plein d'entrain. Au souper, il mangeait peu. Il se traînait pour aller jusqu'à son lit. Nous aurions dû être plus vigilants. C'est peut-être une mononucléose.

Les adolescents saluèrent Mylène et Daniel, puis ils s'en allèrent, le cœur rongé par l'inquiétude. Silencieux, la tête basse, ils marchèrent dans les rues de Beauchêne. La sonnerie du téléphone d'Audrey les arracha à leurs pensées. La jeune fille répondit. Quelques secondes plus tard, elle fondit en larmes.

— Audrey, est-ce que ça va ? lui demandèrent les gars.

— Mes parents viennent de m'apprendre que ma grand-mère est maintenant hors de danger. Les médecins n'y comprennent rien. Ils disent que sa guérison tient du miracle.

Hilel et Jo enlacèrent Audrey. Mais Jo le fit avec moins de conviction. Il était troublé. Trop de choses le laissaient mal à l'aise. L'isolement de Sam. Un brin herbe mystérieux trouvé dans la cabane. La souffrance de son ami. Le retour inattendu à la santé de la grand-mère d'Audrey. Sans pousser aussi loin que Sam, Jo avait continué à lire sur le vaudou, lui aussi. Sa mémoire phénoménale lui avait permis d'enregistrer une grande quantité d'informations. Il avait lu que certains maîtres avaient des pouvoirs de guérison, que les sorts jetés sur les malades étaient difficilement contrôlables, qu'ils pouvaient se retourner contre le maître. Samuel se serait-il lancé dans une entreprise aussi périlleuse ? Il en était bien capable. « Sam ferait tout pour l'amour d'Audrey. Il serait même prêt à mettre sa vie en danger. » Ce soir-là, quand il arriva chez lui, Jo ouvrit son ordinateur. En seulement quelques clics, il trouva l'origine de la plante qu'il avait découverte sous la table de la cabane. Une plante qui poussait en Haïti et que les vodouisants utilisaient pour certains rites : l'ambrosia. Les soupçons de Jo étaient confirmés : Samuel n'avait pas cessé sa pratique. De nouveau, il n'en avait fait qu'à sa tête. Mais, cette fois-ci, Audrey n'était sûrement pas étrangère aux actions qu'il avait commises. Elle ne leur avait pas dit la vérité ; il en était persuadé.

Vers 23 h, puisque l'état de santé de Samuel se détériorait, Andrée, qui était restée auprès de lui, jugea qu'il serait mieux à l'hôpital. Au cours de la nuit, l'adolescent passa une batterie de tests, laissant tous les médecins perplexes. Personne ne comprenait de quoi il pouvait souffrir. Le lendemain matin, Audrey, voulant à tout prix de ses nouvelles, téléphona chez lui. Elle fut surprise quand elle entendit la voix de Murielle, la grand-mère de Sam. Son mari et elle étaient descendus de Saint-Donat au cours de la nuit pour venir en aide à la famille.

— Samuel est à l'hôpital, dit la vieille dame avec des trémolos dans la voix. Les médecins prennent soin de lui. Ils essaient de trouver ce qu'il a. Notre petit Sam ne va pas bien. Je ne comprends pas…

Après avoir raccroché, Audrey se mit à faire les cent pas dans sa chambre. Si Samuel souffrait, c'était à cause d'elle. Elle s'en voulait. Ce qu'elle lui avait demandé était trop éprouvant. Que pouvait-elle faire maintenant pour l'aider ?

La jeune fille pensa alors à Salomon Bolivar, l'étrange personnage que Sam et elle avaient rencontré. Il leur avait dit de le tenir au courant. Cet homme pourrait sûrement faire quelque chose pour Samuel. Il possédait sans aucun doute de grands pouvoirs. N'avait-il pas mis en échec en un tournemain les deux sbires d'Henri Chabot ? Quand ses parents vinrent cogner à la porte de sa chambre pour leur dire qu'ils allaient à l'hôpital pour voir sa grand-mère, Audrey leur répondit :

— J'ai quelque chose d'urgent à faire. Je vous rejoindrai plus tard.

Quelques minutes après le départ de ses parents, Audrey quitta à son tour la maison : direction Montréal. Elle était partie depuis au moins une heure quand Jo vint cogner à sa porte avec l'intention de lui tirer les vers du nez. Ce fut la femme de ménage qui vint lui ouvrir.

— Audrey est-elle là ? lui demanda-t-il.

— Non, lui répondit la dame. Elle est sortie.

— Pour l'hôpital, je suppose. J'ai su que sa grand-mère allait beaucoup mieux.

— Non. Ses parents lui ont offert de les accompagner, mais elle a refusé. Elle leur a dit qu'elle avait une urgence, qu'elle irait les rejoindre après.

Jo trouvait étonnant qu'Audrey ne soit pas partie avec ses parents pour aller voir sa grand-mère. De toute évidence, quelque chose ne tournait pas rond. Déçu, le garçon retourna chez lui. En chemin, il décida de passer un coup de fil à Audrey.

— Salut ! Je viens d'aller chez toi. Comme ça, tu avais une urgence ce matin ? C'est curieux que tu ne sois pas à l'hôpital.

Audrey sentit la suspicion dans le ton de Jo.

— Depuis quand viens-tu me rendre visite ?

— Depuis que tu nous caches certaines choses. Audrey, dis-moi exactement ce qui se passe.

— Rien. Je n'aime pas le ton que tu emploies. J'ai des choses à faire. Je n'ai pas le temps de te parler.

Audrey raccrocha. Elle était furieuse contre Jo. Il la suspectait de quelque chose. Elle savait qu'elle aurait de la difficulté à cacher la vérité. Jo était loin d'être idiot. Enfin, quand elle arriva à la boutique vaudou, vers 10 h, Salomon Bolivar balayait le plancher. En voyant la mine défaite de l'adolescente, il sut tout de suite qu'elle venait lui annoncer une mauvaise nouvelle.

— Monsieur Bolivar, vous devez nous aider.

— Ta grand-mère ne va pas mieux ?

— Ma grand-mère se porte bien. C'est Sam. Il ne va pas bien du tout. C'est ridicule, mais je crois qu'il souffre parce qu'il a sauvé ma grand-mère. Ses parents ont dû le conduire à l'hôpital cette nuit. Les médecins ne savent pas ce qu'il a.

Monsieur Bolivar, vous nous aviez dit qu'il y avait des dangers liés à ces ensorcellements. Samuel est-il en train de souffrir pour le bien qu'il a voulu faire ?

— J'en ai bien peur, ma petite…

— Il faut que vous le sauviez. Monsieur Bolivar, je vous en prie, faites quelque chose.

— Hélas, je n'ai plus la force nécessaire pour aider Samuel.

— Monsieur Bolivar, ne vous moquez pas de moi. J'ai bien vu ce que vous avez fait à ces deux types. Vous les avez mis au plancher en leur soufflant une poudre au visage.

— Tu en aurais été capable. Non, je t'ai tout simplement dit que je n'étais pas l'homme de la situation. Je n'ai pas tous les pouvoirs. J'en ai plusieurs, mais pas celui-là. Je l'ai déjà eu, mais j'ai eu une très mauvaise expérience dans le passé. Je préfère ne plus faire ce genre de chose. Par contre, je suis un homme influent. Et j'ai de nombreux amis, dont certains ont des talents bien particuliers. Je peux peut-être vous aider. Mais il faudrait que tu reviennes demain. Avec un objet que Samuel chérit.

— Je reviendrai…

Audrey salua Salomon Bolivar, puis elle prit le chemin du retour. Un objet significatif. La jeune fille pensa à la bague que portait Samuel. Elle représentait tout ce en quoi il croyait : la famille, la descendance, le courage, l'amour, la liberté, les convictions... Que devrait-elle faire pour la prendre ? La subtiliser sournoisement ? Non, elle en serait incapable. Cet objet était trop précieux pour qu'elle s'en empare sans le demander. Elle s'en remettrait à la bonne volonté des parents de Sam. À la confiance qu'ils lui témoignaient. Au lieu de retourner à Beauchêne, elle se rendit directement à la Cité de la santé. Samuel y était hospitalisé, sa grand-mère aussi. Avant d'aller voir la famille de Samuel, elle fit une visite à sa grand-mère. La dame rayonnait, assise sur son lit. Son mari, ses enfants, ses petits-enfants étaient tous là, heureux, célébrant son retour à la santé.

— Grand-maman, je suis si heureuse de te voir. Je suis désolée. Je serais venue avant, mais il fallait absolument que je règle certaines choses.

— Ma belle Audrey, ne t'en fais pas. Je sais tout. Ces derniers temps, j'ai vu tant de choses... Sois prudente, mon amour... Il a besoin de toi...

Audrey était stupéfaite. Sa grand-mère pouvait-elle tout savoir ? Faisait-elle allusion à ce qu'ils avaient vécu dans les derniers jours ? Après avoir bavardé un peu avec tout le monde, l'adolescente sortit de la chambre. Ses parents, un peu irrités par son comportement inhabituel, lui firent quelques remarques.

— Audrey, où vas-tu encore ? lui demanda sa mère. Ta grand-mère est guérie. Tes occupations sont-elles plus importantes que sa guérison ?

— Ces petites cachotteries ne te ressemblent pas, reprit son père. Tu arrives et tu repars. Comme si tu t'en moquais…

— Maman, papa, c'est Sam. Les nouvelles sont plutôt inquiétantes. Il est ici, à l'hôpital. Je veux aller le voir. J'ai peur pour lui…

— Mon Dieu, nous sommes désolés, dit la mère. Nous comprenons. Si nous avions su, nous ne t'aurions pas parlé comme ça. Tiens-nous au courant.

Audrey ne s'attendait pas à voir autant de membres de la famille Laliberté. Samuel lui avait dit à maintes reprises que les gens de sa famille étaient solidaires. « Chez nous, on se serre les coudes. On se soutient, on s'entraide. On puise notre force dans les liens qu'on entretient. » Audrey en avait ici une démonstration. Quand ils la virent, les parents de Sam vinrent vers elle.

— Audrey, comme c'est gentil d'être venue, lui dit Mylène, émue. Comment va ta grand-mère ?

— Elle va bien, merci. Et Sam ?

— Jusqu'à maintenant, les nouvelles ne sont pas encourageantes. Il s'affaiblit. Les médecins sont dans une impasse.

Audrey se tourna vers Daniel. Il avait les traits tirés, les yeux rougis.

— Daniel, j'ai une demande à vous faire. Elle vous semblera sûrement idiote dans les circonstances… mais faites-moi confiance.

— Je t'écoute, Audrey.

— Est-ce que je pourrais emprunter la bague que Samuel porte ? Je sais que c'est une bague significative dans votre famille. Qu'elle représente les valeurs auxquelles vous croyez tous. Mais j'en prendrai soin, je vous le promets.

— Audrey, je te fais confiance. Je sais très bien que tu en prendrais soin. Mais pourquoi désires-tu cette bague ?

— Daniel, faites-moi confiance. Malheureusement, je ne peux rien vous dire pour le moment. Je vous en prie.

L'homme se tourna vers son père, Claude, et son grand-père, Édouard. Deux hommes pour qui il avait un immense respect. Claude ferma les yeux, chagriné. Édouard eut un léger sourire, puis il acquiesça de la tête.

— Tu en as besoin tout de suite ? demanda Daniel.

— Oui.

Édouard s'approcha de l'adolescente et posa délicatement ses mains massives sur ses épaules délicates.

— Viens avec moi, Audrey, dit le vieil homme. Cette bague, nous irons la chercher ensemble.

Des infirmières s'affairaient autour de Samuel lorsqu'ils entrèrent dans la chambre. Le cœur d'Audrey s'emballa quand elle le vit. Il semblait si faible, si démuni. Lui qui était si fort en temps normal. Elle s'en voulait de l'avoir mis dans une pareille situation.

— Sam, je suis désolée… Je suis si désolée… Je n'aurais jamais dû…

— Mon petit-fils t'aime beaucoup. Quand il parle de toi, ses yeux scintillent. C'est un amour franc, honnête. J'ignore ce que tu feras avec la bague, mais je sais que tu cherches à aider mon petit-fils. Si son cœur bat pour toi, c'est parce que tu es spéciale. Aide-nous, Audrey. Samuel a un destin qu'il doit accomplir.

L'homme prit la bague que Sam avait au doigt, puis il la remit à Audrey. Avant de sortir, cette dernière toucha le bras de Sam. Il lui manquait. Elle aurait tellement aimé être avec lui au bord du lac dans la forêt du Grand Coteau. Ils auraient pêché et partagé un petit goûter. Les choses simples qu'ils aimaient faire ensemble. Lorsque Édouard et Audrey retournèrent dans la salle d'attente, un nouveau visiteur venait d'arriver : Jo. Le garçon était assis, secoué, abattu. Quand il vit Audrey, il se leva et vint vers elle.

— Audrey, j'aimerais te parler…

— Je n'ai pas le temps.

— Pourquoi as-tu demandé la bague aux parents de Sam ? chuchota-t-il.

— Ça ne te regarde pas. Je suis pressée. Je m'en vais.

Ignorant Jo, Audrey salua les membres de la famille Laliberté et quitta l'hôpital. Jo, entêté, la talonna. Lorsque Audrey fut près de l'arrêt d'autobus, il revint à la charge.

— Tu es au courant, n'est-ce pas ?

— Au courant de quoi ?

— De ce que Sam est capable de faire ? Ne me prends pas pour un idiot.

Le visage de Jo s'était empourpré. Il ne laisserait pas Audrey partir avant d'avoir une réponse satisfaisante.

— Jo, as-tu perdu la tête ? cria la jeune fille, furieuse. Sam est dans un sale état. Et toi, tu me poses des questions auxquelles je ne comprends rien. Ton petit ton suspicieux commence sérieusement à m'énerver. Arrête de me harceler ! Tu me tapes sur les nerfs avec tes obsessions. Va-t'en !

Jo ne savait plus trop quoi dire pour se défendre. Audrey l'avait mis au plancher. Quand l'autobus arriva, avant d'y monter, elle le regarda droit dans les yeux.

— Je suis désolée, Jo. Je ne voulais pas te blesser. Mais j'ai les nerfs à vif. Les dernières semaines ont été éprouvantes. Maintenant, mon seul souhait est que Sam recouvre la santé au plus vite. Je suis désolée.

Jo baissa la tête, résigné, puis il se mit à pleurer.

— Je veux juste comprendre. C'est tout. Je veux juste que tout soit comme avant.

— Rien ne sera plus comme avant, Jo, j'en ai bien peur.

Sur ces paroles, Audrey grimpa dans l'autobus sous le regard défait de Jo. L'adolescent était dans tous ses états. Il ne cherchait pas à embêter Audrey. Au contraire, il voulait l'aider. Probablement qu'il le faisait de façon bien maladroite. En fait, il avait peur. Peur de tout perdre. Perdre son ami, celui qui lui avait permis de sortir de son isolement, qui l'avait accepté malgré ses différences, qui lui avait donné la force d'affronter ses tortionnaires. Sans Sam, jamais il n'aurait compris ce qu'était l'amitié.

Chapitre 9

Le marchand ne souhaitait pas être dérangé. Quand Audrey arriva, il venait de fermer la boutique. « De toute façon, avec tout ce que la communauté a vécu dans les derniers mois, les ventes n'ont jamais été aussi mauvaises. Tout le monde est sur le qui-vive. Cela prendra du temps avant que la peur ne disparaisse complètement. » Salomon Bolivar fut ébloui quand il vit la bague que lui remit Audrey. Il la trouvait magnifique.

— Je suis étonné, admit l'homme. Un bijou ! Je vois parfois des jeunes qui en portent. Ce sont des voyous. Par ici, il y en a beaucoup. Ils sont arrogants, méprisants. Ils portent leurs bijoux seulement pour frimer…

— Monsieur Bolivar, Sam n'est pas un voyou !

— Je le sais, Audrey. Je ne voulais pas te choquer. Pourquoi Samuel aime-t-il cette bague ? C'est un bijou qui semble avoir une histoire.

— En effet, cette bague appartenait à son arrière-grand-père, un homme courageux, un homme que Samuel admire profondément.

Les Laliberté l'ont tous portée. Samuel en a hérité cet automne.

— Intéressant…

— Monsieur Bolivar, je ne veux pas paraître impolie, mais que faites-vous ? Vous m'aviez promis que votre ami serait ici. J'ai vu Samuel ce matin. Il ne va pas bien.

— Mon ami arrivera d'une minute à l'autre. C'est un grand maître vaudou. Un homme d'une grande sensibilité. Justement, le voilà !

Salomon Bolivar ouvrit la porte à celui qu'il attendait. Quand elle le vit, Audrey n'en crut pas ses yeux.

— Monsieur Dimanche ! Dites-moi que je rêve.

Comme bien des élèves de son école, elle avait aimé les cours d'Aimé Dimanche. Hélas, le séjour à l'Acad' de ce prof d'origine haïtienne avait été de courte durée. De tristes rumeurs avaient circulé après son départ.

— Audrey, je suis ravi de te revoir, dit l'homme, tout souriant. Toi, tu ne le sembles pas.

— Vous comprendrez que…

— Je rigole, Audrey. Je comprends ta réaction.

— À l'école, tellement de choses se sont dites à votre sujet…

— Ce sont des histoires anciennes, Audrey. Robert Labri est toujours aussi navrant ?

— Toujours ! Je vous dirais plus que jamais. Cette année, il a atteint des sommets.

— Alors, il faut que je remette Samuel sur pied. Au plus vite ! Sans lui, vous êtes tous cuits...

Aimé Dimanche aimait plaisanter. Mais derrière cet humour se cachaient bien des vérités.

— Monsieur Dimanche, est-ce que c'est quelque chose que vous avez déjà fait ?

— Tu n'as pas à t'inquiéter, Audrey.

— Monsieur Dimanche, c'est vraiment étrange. Vous ne semblez même pas surpris que Sam soit un maître. Vous savez, il s'est initié au vaudou avec Jo et Hilel.

— Pourquoi devrais-je être surpris, Audrey ? Si tu savais tout ce que je sais...

Salomon Bolivar donna la bague à son vieil ami. Comme lui, Aimé fit tourner le bijou entre ses doigts pour l'admirer. Sans même connaître toute sa symbolique, il sentait son unicité, toute sa valeur.

— C'est un bijou que Samuel porte avec fierté. Quand tout sera terminé, pourra-t-il le ravoir ? demanda Audrey.

— Peu importe ce qui se produira, le bijou retournera à son propriétaire, répondit le professeur. Maintenant, je dois vous quitter. Audrey, j'ignore si on se reverra, mais j'ai été enchanté de te revoir. Quand je vois mon ami Winston, il me parle de la jeunesse, des espoirs qu'elle lui donne. Je comprends qu'il soit si gratifié.

— Pourquoi ne revenez-vous pas auprès de nous, monsieur Dimanche ?

— C'est compliqué… Peut-être un jour… Je dois y aller.

Avant de partir, Aimé prit le sac que lui avait préparé Salomon. Tout ce dont il avait besoin pour procéder au rite de guérison y était. Audrey aurait aimé discuter encore avec son ancien prof. Elle avait tellement de questions à lui poser. Qui était-il véritablement ? Qu'avait-il fait dans la dernière année ? Pourquoi était-il parti de l'Acad' ? Quels étaient les pouvoirs qu'il possédait ? Mais il fallait agir vite. Les jours de Samuel étaient peut-être comptés. Soudain, l'adolescente se sentit impuissante. Ce sentiment la rendit anxieuse.

— Monsieur Bolivar, qu'est-ce que je fais maintenant ? Je ne peux pas rester là les bras croisés.

— Tu peux sans aucun doute penser à Samuel. Tout ce que tu feras comptera. Reste positive, sois optimiste.

— Monsieur Dimanche réussira-t-il ?

— Je l'ignore, mais je suis confiant, répondit l'homme en appuyant sa main sur celle d'Audrey. Retourne chez toi.

Sur le chemin du retour, Audrey fit ce que Salomon lui avait dit. Elle se remémora des moments qu'elle avait passés avec Sam : les premières coupes de cheveux, le texte qu'ils avaient écrit ensemble dans le cours du Doc, leur triomphe au Talent Show, leur première randonnée en raquettes dans la forêt du Grand Coteau, les S'mores qu'ils avaient dévorés à la cabane, les soirées qu'ils avaient passées à réinventer le monde, les fous rires qu'ils avaient eus… Sam lui manquait. Elle ne lui en voulait plus. Elle tenait à lui. Elle savait qu'il était différent, qu'il était celui qu'elle espérait…

Aimé Dimanche se cloîtra chez lui. Ce n'était pas la première fois qu'il se lançait dans un tel sortilège. Sa dernière année avait été riche en expériences. Il avait bien sûr enseigné un peu à l'université, mais il avait surtout voyagé, rencontré des gens influents. Il s'était mêlé à des groupes peu recommandables pour tenter de percer les forces qu'il jugeait obscures. Il était revenu au Québec pour régler certaines affaires. Les incidents des derniers mois l'avaient inquiété. On s'était attaqué à la communauté. Quand Salomon Bolivar lui avait dit qu'il avait mis la main sur les fauteurs de troubles, il avait été soulagé. Il avait d'ailleurs aidé son vieil ami, celui qu'il considérait comme un père, à s'en débarrasser. Le réveil de ceux qui avaient fait trembler la communauté vaudou de Montréal allait être brutal. Salomon lui avait parlé de Samuel. Des espoirs qu'il fondait sur lui. Aimé Dimanche ne décevrait pas celui qui avait cru en lui. Il sauverait Samuel, au risque d'y laisser un peu de lui-même. Les zones dans lesquelles il œuvrait étaient sombres, ténébreuses, douloureuses. Ce qu'il y voyait le chamboulait, le remettait en question, le terrorisait, mais il était prêt à aller jusqu'au bout.

Plus Aimé s'enfonçait dans les ténèbres, plus l'état de Samuel se modifiait. Tranquillement, le jeune homme reprenait du poil de la bête. Les changements se faisaient au ralenti, mais l'espoir renaissait. Les membres de la famille Laliberté se tenaient les coudes, s'entraidaient, faisaient tout ce qu'ils pouvaient pour entretenir cette nouvelle flamme qu'ils voyaient renaître chez Sam. Leurs amis les appelaient, les aidaient dans cette terrible épreuve. La grand-mère d'Audrey venait parfois avec sa petite-fille veiller sur celui qui lui avait sauvé la vie. Elle lui était reconnaissante. Elle lui parlait sans remuer les lèvres. Et la nuit, Édouard Laliberté, parce qu'il était incapable de dormir, allait à l'hôpital, même s'il n'en avait pas le droit. Il se faisait discret. Parfois, les infirmières le semonçaient, pas méchamment. Elles se ravisaient quand elles voyaient tout le désarroi du vieil homme. « On ne peut pas lui dire de s'en aller. Ça le tuerait… » Édouard restait auprès de son arrière-petit-fils. Souvent, il priait, il parlait à ce Dieu qu'il trouvait parfois injuste. Ses prières étaient souvent dures. Il ne se gênait pas pour exprimer son indignation au Tout-Puissant. « Pourquoi t'en prends-tu à la jeunesse ? C'est à moi que tu dois t'en prendre. » Quand on lui donnait des bonnes nouvelles, ses pensées s'apaisaient. Une nuit, alors qu'il se berçait paisib lement parce que les infirmières lui avaient confirmé à son arrivée que Samuel serait bientôt sur pied, Aimé Dimanche entra dans la chambre. Surpris, Édouard se leva.

— Monsieur, est-ce que je peux vous aider ?

— Vous êtes sans aucun doute l'arrière-grand-père de Samuel. Comment va-t-il ?

— Les nouvelles sont bonnes…

— Il est hors de danger, monsieur.

Aimé Dimanche sortit la bague de la poche de son pantalon et la remit à Édouard.

— Cette bague n'est pas banale, monsieur Laliberté. Je n'en ai plus besoin. Il faudrait que Samuel la porte. Elle l'aidera dans sa convalescence.

Édouard Laliberté était estomaqué. Qui était cet homme ? Pourquoi était-ce lui qui avait la bague ? Alors qu'il s'apprêtait à le lui demander, un événement se produisit, un événement qu'il attendait depuis longtemps : Samuel ouvrit les yeux et se redressa.

— Grand-père Édouard, monsieur Dimanche…

— Samuel, mon garçon, fit grand-père Édouard.

Des larmes de bonheur se mirent à couler sur le visage ridé du vieil homme. Son arrière-petit-fils était de retour parmi eux. Il ignorait ce qui s'était produit. Son Dieu avait-il craint sa colère ? S'était-il résigné ? Était-il parvenu à lui faire entendre raison ? Il l'ignorait. Par contre, il se mit à croire que cet homme, monsieur Dimanche, n'était pas étranger à la guérison de Samuel.

— Monsieur Dimanche, j'ai senti votre présence, dit le garçon. C'est étrange, mais je ne suis même pas étonné de vous voir ici.

— Samuel, je pense que tu es tiré d'affaire. Mais il va te falloir écouter les gens autour de toi, le prévint Aimé Dimanche. Tu voudras sûrement brûler certaines étapes de ta convalescence. Mais sois prudent. Monsieur Laliberté, vous l'aurez à l'œil, n'est-ce pas ?

— Vous pouvez en être sûr, cher monsieur.

— Monsieur Dimanche, ai-je bien réussi ce que je voulais accomplir ?

— Oui…

Aimé Dimanche posa ses mains sur le front de Samuel, puis il ferma les yeux. Ses lèvres remuèrent, murmurant des mots de créole. Quand il rouvrit les yeux, il salua l'adolescent et le vieillard, puis il quitta la chambre, épuisé, mais heureux. Les dernières journées avaient été éprouvantes. Les chemins qu'il avait empruntés avaient été chaotiques. Plus terribles qu'il n'avait pu l'imaginer.

Le lendemain, après avoir passé quelques tests de routine, Samuel put rentrer chez lui. Les médecins avaient bien prévenu ses parents. « Du repos. Pas question qu'il commence l'école tout de suite. Trouvez-lui un endroit tranquille pour qu'il puisse reprendre des forces. Nous devrons assurer un suivi. Votre garçon est un miraculé. Nous sommes tous abasourdis. » Quand Daniel et Mylène lui firent part des recommandations des médecins, Sam pensa aussitôt à Saint-Donat.

— Là-bas, je suis bien. Il y a le lac, la forêt, les bons déjeuners de grand-maman. Je pourrai faire un peu de pêche. C'est quand même pas trop forçant, pêcher l'achigan.

Ses parents acceptèrent.

Hilel, Jo et Audrey prenaient de ses nouvelles fréquemment. Lui avaient-ils pardonné ? Samuel n'osait pas revenir sur le conflit qui les avait divisés. Il s'en moquait. La grand-mère d'Audrey était sauvée, il avait recouvré la santé, il était près des siens.

Le jour de la rentrée scolaire, Sam eut une pensée pour ses amis. « J'espère que Labri n'est pas trop affamé. Les longues périodes de sevrage ont souvent pour effet de le rendre agressif. » Assis sur une chaise Adirondak au bout du quai, une ligne à la main, taquinant le poisson, dans sa tête, il entendait ses camarades maugréer. Ce jour-là, Audrey lui téléphona ; ils discutèrent de longues minutes. Avant de raccrocher, elle lui dit :

— J'ai hâte de te revoir. Je veux qu'on en parle. Mais pas au téléphone. Quand tu seras prêt, nous irons à la cabane, puis nous parlerons. Samuel, je m'en veux tellement.

Jamais Samuel ne s'était autant reposé. Il commençait même à avoir un surplus d'énergie, et à trouver le temps long. Un matin, en se levant, sur le balcon arrière du chalet, il vit le vélo Lacourse de son grand-père. Mais il était différent. Comme s'il avait été restauré. Samuel, curieux, s'en approcha. Son grand-père Claude, assis sur une chaise, son café fumant à la main, souriait.

— Comment le trouves-tu, Sam?

— Tu l'as fait restaurer?

— Oui. C'est en regardant une émission au canal Historia que j'y ai pensé. Trouver la bonne personne pour faire le travail n'a pas été une mince affaire. Mais j'y suis arrivé. Quel travail remarquable! Sam, je te l'offre. C'est mon cadeau. C'est ma façon de te dire que je suis content que tu sois là.

— Tu es sérieux?

— Bien sûr! Tu as toujours aimé ce vélo. Je pense qu'on peut dire que c'est une pièce de collection. Et même si ce n'en est pas une, il est magnifique. Il te fera penser à moi quand je ne serai plus de ce monde. Tout ce qu'on a vécu dans les dernières semaines nous a rappelé à quel point nous sommes fragiles.

— Tu l'as dit. Merci, grand-papa. Ce vélo est magnifique. Tu sais, je commence à m'ennuyer. Si je continue à me reposer, ça aura l'effet contraire. Je n'aurai plus le goût de rien. J'aimerais retourner à Beauchêne.

— Tu as raison. Je pense qu'il est temps que tu reprennes tes activités normales.

— Oui, je retourne à Beauchêne, mais en vélo.

— En vélo? Tu plaisantes? Il y a cent kilomètres!

— Arrête, grand-papa. Tu le faisais autrefois. Tu n'arrêtais pas de nous le dire. Avec un vélo Lacourse, restauré en plus, ce n'est presque rien.

— Presque rien… C'est quand même cent kilomètres. Mais d'accord. Prépare tes bagages. Mais je ne serai pas trop loin. Au cas où…

Samuel fit sa valise qu'il déposa dans le coffre de la voiture de ses grands-parents. Ensuite, il chevaucha la bicyclette Lacourse que son grand-père lui avait offerte. Ce défi qu'il venait de se lancer lui rappela ce qu'il avait fait au cours de l'hiver. Il en avait étonné plus d'un lorsqu'il s'était mis à grimper le mont Saint-Sauveur. « Laliberté, as-tu perdu la tête ? As-tu peur des hauteurs ? As-tu oublié à quoi servent les remonte-pentes ? » Il avait été inspiré par Jack Rabbit. « Quand on veut changer le monde, on doit fortifier notre esprit et notre corps. » À la fin de la saison, il n'était plus seul. Le meneur qu'il incarnait était parvenu à rassembler le monde. La montagne était devenue un symbole. Un obstacle qu'il fallait franchir. La route sur laquelle il s'engageait aujourd'hui avait la même symbolique. Sam ne savait plus ce qu'il ferait du pouvoir qu'il avait. L'exploiterait-il encore ? Il l'ignorait. Mais une chose était sûre : il continuerait à lutter contre les injustices et les inégalités. Jamais il ne baisserait les bras devant les enjeux de demain. Ils étaient si nombreux. Maintenant qu'il avait recouvré la forme, il était prêt à défendre ses idéaux, ce en quoi il croyait. Par où commencerait-il ? Pour le moment, ses ambitions étaient modérées. Robert Labri devait l'attendre avec impatience. Sam savait qu'il en aurait probablement plein les bras avec le directeur de la discipline. En effet, la première chose qu'avait faite Labri lorsqu'il était revenu dans son bureau avait été de consulter le dossier de Samuel. « Comment peut-il encore être ici avec un dossier aussi imposant ? Ses heures sont comptées. Je ne le laisserai même pas respirer. » Tous les surveillants avaient été avisés. « Samuel Laliberté en est à sa dernière année. Je peux vous l'assurer, il tentera de détruire tout ce que nous avons mis des années à bâtir. Il remettra tout en question. Tout ! Il soulèvera les autres. Il créera le chaos. Je veux que vous l'ayez à l'œil. Au moindre faux pas, vous lui donnez un billet disciplinaire. C'est un menteur, un hypocrite. Il fomentera. S'il le faut, n'hésitez pas à soudoyer des élèves pour obtenir des informations. » Depuis la rentrée scolaire, le nom de Sam avait été mentionné à de nombreuses reprises par Labri et ses sbires. Si ses oreilles avaient sifflé chaque fois, Sam aurait perdu la raison.

Mais, pour l'instant, Labri était bien le dernier de ses soucis. Le garçon pédalait. Il aurait pu rouler plus vite. Mais il préférait contempler le paysage. Sa beauté. Pour préserver la magnificence du monde dans lequel il vivait, il devait se battre. Ses détracteurs continueraient à lui dire que ses combats étaient vains. Ils seraient toujours là pour le démoraliser, pour tenter de le plonger dans le cynisme qu'il honnissait. Mais Samuel se sentait plus fort que jamais. Les épreuves qu'il devait traverser n'étaient pas futiles. Si elles venaient à lui, c'était parce qu'il était capable de se mesurer à elles. Sam était prêt à entreprendre son année scolaire. Il avait bien l'intention de laisser sa marque à l'Acad' et dans le monde.

— J'en ai assez du repos, dit Sam à ses parents. Je suis en pleine forme. D'accord, je n'ai pas fait les cent kilomètres en vélo, mais quand même la moitié. Je vous le dis, je me sens bien. Ce n'est pas mieux, si je ne vais pas à l'école, je vais prendre du retard. Les profs de l'Acad' ne me feront pas de cadeaux. Vous les connaissez aussi bien que moi. En secondaire 5, il paraît qu'ils sont complètement fous. Moi, j'en ai assez. Je m'en vais à l'école demain.

— Tes cheveux ne sont même pas coupés, fit remarquer Daniel. Monsieur Labri va t'assommer aussitôt qu'il te verra. Lui, c'est sûr, il ne sera pas tendre avec toi.

— Et tu as vu tes vêtements ? renchérit Mylène. Tu as dû prendre deux pouces cet été. Et avec tout ça, nous n'avons même pas pu acheter ton nouvel uniforme. Laisse-nous au moins le temps d'y aller.

— Je serai juste un peu serré. On ira l'acheter en fin de semaine. Je ne vous comprends pas. Normalement, vous devez me pousser pour que j'aille à l'école. Profitez de mon enthousiasme. Je vous le dis, ça ne durera pas.

Finalement, Daniel et Mylène lâchèrent prise. Toutefois, ils le regrettèrent un peu lorsqu'ils virent Samuel, le lendemain matin, dans son uniforme. De toute évidence trop petit.

— Mon Dieu ! s'exclama Mylène. Que va dire monsieur Labri ?

— Ça lui donnera un prétexte pour m'adresser la parole. J'en profiterai pour lui demander s'il a aimé les frites du Pavillon.

Tu aimes le trouble, Sam, dit Daniel en secouant la tête.

— Comme toi. J'ai hérité de tes gênes.

— Arrête de dire des âneries. Je vais aller te conduire au bûcher. Ton bourreau t'y attend.

— Pas besoin, je vais m'y rendre par mes propres moyens. Mon vélo Lacourse fera des envieux. Surtout les propriétaires de BMW.

D'une certaine façon, Daniel et Mylène étaient soulagés. Il n'y avait plus de doute : Samuel était en pleine forme. Il avait retrouvé sa fougue et sa douce irrévérence. Ils espéraient seulement que monsieur Labri serait clément avec lui. Mais ils ne se faisaient pas trop d'illusions. Labri était un véritable casse-pied. Parfois, ils avaient juste envie d'aller lui dire ses quatre vérités. Mais bon... ils se consolaient en se disant qu'il faisait un bon adversaire pour leur fils. « C'est l'homme parfait pour s'exercer au combat. Sam pourra ensuite affronter les pires emmerdeurs qu'on peut trouver dans notre société. Et Dieu sait s'il y en a ! La directrice de l'école a dû l'engager pour cette raison. Brillante, cette madame Marois ! »

Comme de fait, on fit des commentaires sur le moyen de transport de Sam. Le premier vint de William Chabot. Celui-ci, au volant de la Cadillac Escalade de son père, faisait le fanfaron. Quand il vit Samuel sur la route, il le klaxonna.

— Hé ! Laliberté, tu as une belle bicyclette. Ça te tenterait pas d'aller passer ton permis de conduire ? On est en secondaire 5, pas en secondaire 1.

Samuel, heureux d'une certaine façon de retrouver son rival, lui envoya la main.

— William, vas-tu être capable de la garer ? Ton père t'a-t-il acheté deux places de stationnement ? Ou peut-être le terrain de football ?

Ce petit échange avec William le réconforta. Tout serait pareil, comme avant. Quand il entra dans l'école, Samuel se sentit heureux. Les regards des élèves se braquèrent sur lui. On le saluait, on lui souhaitait la bienvenue. Son histoire avait fait le tour de l'école. Plusieurs élèves s'étaient inquiétés pour lui. Ceux et celles qui étaient plus proches de lui ne purent s'empêcher de le taquiner sur son accoutrement. « Tu voulais être sûr que Labri vienne te souhaiter un bon retour ? » En effet, Sam était dans l'école depuis une quinzaine de minutes quand le directeur de la discipline s'approcha de lui.

— Monsieur Laliberté ! Heureux de voir que vous vous portez mieux.

— C'est gentil, monsieur Labri.

— Vous savez, monsieur Laliberté, je peux comprendre que vous venez de traverser des moments difficiles. Par contre, cela ne vous autorise pas à vous présenter à l'école dans une tenue pareille. Vos cheveux sont beaucoup trop longs. On ne vous voit plus les yeux. Quant à votre uniforme, il est trop petit. Vous aimez les œuvres de charité. Donnez-le à l'Accueil Bonneau. Il fera le bonheur d'un itinérant

— Monsieur Labri, je suis content de voir que vous êtes en train de vous ouvrir sur les autres. C'est une excellente idée. J'irai le donner à une œuvre quelconque. Mes parents n'ont pas eu le temps d'aller m'acheter mes nouveaux vêtements. Nous comptons y aller en fin de semaine.

— Non, monsieur Laliberté, vous ne comprenez pas. Je suis prêt à tolérer votre tenue inadéquate aujourd'hui, c'est tout. Demain, vous arriverez vêtu convenablement, comme l'exige le règlement 8.2 de notre code de vie. Quant à vos cheveux, ils devront être coupés. Je veux voir vos yeux, ces yeux de fomenteur.

— Je constate que vous êtes en très grande forme, monsieur Labri. Je le suis également. J'ai l'impression que nous aurons une année scolaire riche en rebondissements.

— Monsieur Laliberté, je n'aime pas vraiment ce que j'entends. Demain matin, je veux vous voir à mon bureau. Si vous faites le malin, vous en subirez les conséquences…

— Monsieur Labri, vous m'avez manqué. Je vous souhaite une excellente journée.

Labri fusilla Samuel du regard. « Quel adolescent impertinent ! J'en ferai un exemple. » Le directeur de la discipline sentit sa pression monter. Tous les élèves qui avaient assisté à la scène perçurent sa grogne. Il préféra cependant en rester là. Tôt ou tard, Samuel Laliberté aurait à payer. L'homme se voulait patient. Il avait échoué dans le passé. Mais il avait appris de ses erreurs. La prochaine fois, il ne manquerait pas son coup. Labri s'éloigna, satisfait malgré tout de son intervention. Le jeune Laliberté se vanterait probablement encore une fois auprès des autres élèves d'avoir transgressé les règles. Mais le directeur s'en moquait. Le jeune rebelle n'en avait plus pour longtemps.

Hilel et Jo vinrent saluer Sam. Les retrouvailles furent émotives. Samuel parla à ses copains de sa convalescence. Jo, discret, ne dit rien des soupçons qu'il avait. Malgré tout le bonheur qu'il avait de retrouver Sam, Hilel demeurait plus distant. Il lui en voulait encore de ne pas avoir respecté leur pacte. Cette distance allait-elle un jour disparaître ? Hilel avait beaucoup réfléchi dans les dernières semaines, comme Sam et Jo. Il avait réalisé qu'il n'avait pas les mêmes ambitions que Sam. Il était comme lui sensible aux injustices, aux inégalités, aux drames que certaines personnes vivaient, mais il n'avait pas la même fougue. Il n'avait plus le goût d'avoir des ennuis, de s'impliquer, d'être surveillé par Labri. Il avait pris la résolution de se concentrer sur ses études et sur ses entraînements. Quand Jo proposa qu'ils se retrouvent à la cabane pour célébrer le grand retour de Sam, Hilel refusa en disant qu'il était trop occupé.

— Oubliez-moi ! J'ai trop de choses à faire.

— Trop de choses à faire ? s'étonna Jo. Reviens-en, Hilel. Les profs n'ont pas encore sorti leur artillerie lourde. Profitons-en tout de suite !

— Hé ! Je ne suis pas une machine comme toi, s'indigna Hilel. Pour toi, tout est facile. Je ne me souviens même pas de la dernière fois où je t'ai vu amener ton sac chez toi. Je vous le dis immédiatement, les gars. Moi, je n'ai pas l'intention de perdre mon temps cette année. Je veux monter mes notes. Je n'irai pas dans un cégep de bons à rien.

Sam et Jo ne s'attendaient pas à un refus aussi virulent. Ils se regardèrent, déçus. Hilel réalisa qu'il les avait blessés.

— Je suis désolé, les gars, mais ce n'est plus possible pour moi. J'ai des objectifs précis à atteindre. Je ne veux pas qu'on me déconcentre.

— C'est ton choix, Hilel, dit Sam. Mais ne t'éloigne pas trop. Tu pourrais te perdre.

— Au contraire, j'ai l'impression de me retrouver…

Sam préféra clore la discussion. En temps normal, il aurait essayé de convaincre Hilel de changer d'idée. Mais il avait la conviction que s'il continuait à discuter avec lui, il mettrait de l'huile sur le feu.

Plus tard dans la journée, Samuel croisa Audrey. Quand il la vit, son cœur se mit à battre très fort. Il se figea, ne sachant pas trop comment il devait agir. Audrey, heureuse de le voir, l'étreignit tendrement.

— Samuel, je suis tellement contente de te voir ! Tu m'as tellement manqué ! Tu aurais pu m'avertir que tu revenais aujourd'hui. J'aurais préparé quelque chose.

— J'aime les surprises…

— Sam, j'ai pensé que nous pourrions nous voir à la cabane. J'ai besoin de te parler. Vendredi soir, est-ce que ça t'irait?

— C'est parfait pour moi. Je pourrais te voir n'importe quand. Ma vie sociale n'est plus aussi chargée qu'auparavant.

— Ah oui?

— Je pense que je devrai me faire un nouveau cercle d'amis si je veux avoir un peu d'interactions avec les autres. Rien ne sera plus comme avant. On s'en parlera vendredi. Toi, comment vas-tu?

— Je vais bien. Je suis heureuse que l'école ait recommencé. J'ai plein de projets. Je songe sérieusement à m'impliquer dans les élections scolaires. Je vais probablement poser ma candidature comme présidente de classe.

— Wow! En effet, ce sont de gros projets. William doit être content.

— Oui. Il veut qu'on travaille ensemble… Je pense que j'ai les aptitudes requises pour mener une bonne campagne.

Même si Sam s'était bien douté que William profiterait de son absence pour se rapprocher d'Audrey, cette nouvelle eut l'effet d'un coup de poignard. William n'avait pas lambiné. Pour lui, Sam n'était plus l'amoureux d'Audrey. Et il ne le serait plus. William s'était promis qu'il montrerait à la belle Audrey tout ce qu'il était capable de faire, qu'il la séduirait par son charme et sa sensibilité. « C'est mon année ! Je triompherai de tout. Je serai le président de l'école. Je sortirai avec la plus belle fille de l'Acad'. Tout le monde se souviendra de William Chabot. Tout le monde ! Le temps de Samuel Laliberté est terminé. »

Chapitre 10

Labri se réjouit quand il vit Samuel entrer dans son bureau. L'adolescent avait une tenue irréprochable. Son veston, sa cravate, son pantalon, sa chemise étaient impec. Quant à ses cheveux, ils étaient bien peignés et courts. Comme les aimait Labri. Pourtant, Sam avait dit à sa coiffeuse, Sabrina, qu'il voulait garder son allure désinvolte. Faisant la sourde oreille, elle lui avait coupé les cheveux sans retenue. Quand il avait vu la tête de Sam, Daniel lui avait dit que Sabrina s'était probablement vengée. « C'est une fille possessive. Elle ne t'avait pas vu pendant presque un an. Elle a voulu te faire payer ton infidélité. » Sam avait maugréé un peu en sortant du salon de coiffure.

— Bravo, monsieur Laliberté, exulta Labri. Votre tenue est digne de notre école. Votre coiffeuse a enfin compris l'esprit de l'Académie François-Patenaude. Après quatre ans, il était temps.

À l'école, Sam voulait rattraper le temps perdu. Il alla voir ses professeurs pour leur demander ce qu'il devait faire pour se mettre à jour. Ses rencontres les plus intéressantes furent avec le Doc et Frédéric Roberge, le prof d'histoire. Jamais Sam n'avait vu le leader des Thunders aussi heureux.

— La directrice m'a appelé cet été pour me dire qu'elle cherchait un prof pour le cours d'histoire secondaire 5. Ça faisait des années qu'elle essayait de faire comprendre à Gagnon qu'il était peut-être temps qu'il prenne sa retraite. Le vieux devait avoir pas loin de quatre-vingts ans. J'attendais ça depuis longtemps. Je n'en pouvais plus d'enseigner l'Acte constitutionnel. Enfin, l'histoire contemporaine. Samuel, tu vas aimer mon cours. Je vais faire des liens avec l'actualité. Je suis en train de concevoir un volet sur le terrorisme. S'il n'y avait pas eu de changement cette année, je pense que j'aurais abandonné l'enseignement. Je me serais consacré entièrement à ma carrière musicale.

Sam, sachant que Roberge avait un bon sens de la dérision, se permit de lui dire que le milieu musical ne manquerait pas de remercier la direction de l'Académie François-Patenaude pour l'offre qu'elle lui avait faite.

Quant à sa rencontre avec le Doc, elle fut très émotive. Sam n'osa pas lui dire qu'il avait vu Aimé Dimanche. Winston Nelson connaissait-il vraiment son ami ? Bien sûr, comme tout le monde, il savait qu'il s'intéressait au vaudou.

Mais pouvait-il soupçonner qu'il était un maître doté de puissants pouvoirs ? Le Doc fit un grand sourire en voyant son élève préféré.

— Je m'ennuyais de toi. Tu n'avais pas eu assez de tout l'été pour te reposer ? Je suis heureux de te revoir à l'école. Ici, on ne peut pas se passer de toi. Tout le monde s'inquiétait, même les professeurs qui ne peuvent pas te piffer. J'ai une bonne nouvelle à t'annoncer. Éléonore et moi avons décidé d'acheter le chalet à Saint-Donat. Elle et moi, c'est du sérieux. J'aimerai toujours ma première épouse. Mais j'ai compris que je pouvais aimer à nouveau. Éléonore est compréhensive. Elle respecte mon passé. Enfin, c'est une femme extraordinaire. C'était la première fois qu'elle s'éloignait de la ville. Elle est tombée en amour avec le lieu. Elle a été séduite par le calme et la paix qu'il renferme. Il faudrait bien se faire une autre partie de pêche. Vienneau est prêt à me dévoiler certains de ses secrets.

Sam avait tellement aimé sa journée de pêche avec le Doc.

— Je suis toujours partant, Doc !

Vint enfin le vendredi. Samuel attendait Audrey à l'entrée de la forêt. Le malaise qu'il éprouvait lorsqu'il voyait celle qu'il aimait ne s'était pas dissipé. Enfin, Sam tenta de se comporter comme il le faisait auparavant, mais c'était difficile. Audrey non plus n'était pas comme d'habitude. Il la sentait plus nerveuse. Elle était volubile, plus qu'en temps normal. Tranquillement, les deux adolescents se calmèrent. Ils retrouvèrent leur spontanéité, leur complicité. Comme toujours, Sam se chargea de faire un feu. Les flammes crépitaient depuis un bon moment quand Audrey décida de dire ce qu'elle avait sur le cœur.

— Je ne te remercierai jamais assez. Ce que tu as fait était courageux. Mais je m'en veux tellement. Tu as risqué ta vie.

— Je l'ai fait pour toi, Audrey. Un jour, je pense que c'était ici, je t'ai promis que je veillerais toujours sur toi. Audrey, je t'aime. Si je t'ai caché la vérité, c'est parce que je voulais te protéger. Je ne voulais pas te mêler à mes histoires. Et j'avais promis à Hilel et à Jo que je n'en parlerais à personne. À l'avenir, je serai honnête avec toi.

— Vas-tu continuer à pratiquer le vaudou ? À utiliser le pouvoir que tu possèdes pour changer le monde, pour mener des actions, pour instaurer la paix autour de nous ?

— Après ce que je viens de vivre, je devrais normalement te répondre que je renonce à tout cela. Que le vaudou me conduira à ma perte. Pour le moment, c'est sûr, je veux prendre une pause, je veux essayer de m'éloigner de cette force. Mais je sais très bien que ce sera difficile pour moi. Je n'ai qu'à ouvrir la télé, la radio, le journal, l'ordinateur pour que les injustices me frappent en plein visage. Elles me brisent le cœur.

— Ta sensibilité s'est-elle accentuée depuis que tu pratiques le vaudou ?

— J'en ai bien peur. Chaque fois que j'essaie de me libérer de mes tourments, une autre injustice apparaît. Je pense que j'aurai une année difficile. Cet été, à Saint-Donat, j'ai parlé avec le Doc. Ce qu'il m'a dit ne m'a pas rassuré. Les politiques que mettront en vigueur nos gouvernements frapperont bien des gens. Dont les plus démunis de notre société. L'avenir n'est pas aussi prometteur qu'on tente de nous le laisser croire : les menaces de guerre, les privations, les restrictions budgétaires dans le monde de l'éducation et de la santé, l'abolition des services sociaux. Dans un contexte comme celui-là, je ne sais pas comment je vais réagir. Je pourrais être tenté de nouveau. Mais je sais très bien que le vaudou ne peut pas tout régler. J'en suis plus conscient aujourd'hui.

— Sam, j'apprécie ta franchise. Si tu avais tenté de me rassurer en me disant que tu renonçais à ce pouvoir immense que tu as entre les mains, je ne t'aurais pas cru. Dans les dernières semaines, j'ai souvent pensé à toi. À nous. Je t'aime encore. Je pense que je t'aimerai toujours. J'ai de la chance de te connaître. Mais j'ai besoin encore de temps. Je vais t'avouer que ça me fait peur. Nous pourrons nous voir à l'occasion, mais je ne suis pas prête à reprendre une relation sérieuse. À l'école, tout le monde sait que nous ne sommes plus ensemble. J'ai su qu'il y avait plusieurs filles qui attendaient avec impatience ton retour à l'école. Même si ça me briserait le cœur, je comprendrais que tu te laisses séduire par l'une d'elles.

— Les autres filles ne m'intéressent pas. C'est toi que j'aime. Et je t'attendrai.

— On en a de la chance de se connaître. Sam, j'ai une demande à te faire.

— Vas-y…

— Ce soir, peut-on s'embrasser une dernière fois ?

— Quant à moi, tu pourrais m'embrasser tous les soirs…

Même si leur relation amoureuse demeurait toujours latente, Sam et Audrey éprouvaient un grand bonheur en eux. Cette discussion franche qu'ils venaient d'avoir les avait libérés. Ils avaient l'impression qu'ils étaient plus légers, affranchis des doutes qu'ils entretenaient depuis déjà trop de semaines. Ils savaient qu'ils pouvaient compter l'un sur l'autre. Ce soir-là, ils s'autorisèrent à s'aimer un peu plus.

Sam se leva tard. La veille, il était rentré un peu après minuit. La soirée qu'il avait passée en compagnie d'Audrey avait été mémorable. Elle resterait gravée dans sa mémoire à tout jamais. Il descendait au sous-sol pour aller danser un peu – il avait délaissé l'entraînement depuis quelque temps – quand son téléphona se mit à vibrer. Son cœur s'emballa quand il entendit la voix de Tommy.

— Tout va bien, mon gars ?

Sam fut soulagé quand le gamin lui répondit qu'il vivait le parfait bonheur.

— Sam, j'ai eu des billets pour aller à La Ronde. Veux-tu m'accompagner ?

— Avec plaisir, mais quand ?

— Aujourd'hui ! Ma mère m'a dit que si j'y allais avec toi, il n'y avait aucun problème. Que je pouvais même y rester jusqu'à la fermeture. J'ai aussi des billets pour qu'on puisse souper là-bas. On pourrait y aller en métro.

— Super ! Je suis chez toi dans une heure. À tantôt !

Le petit Tommy attendait Sam dans les escaliers de l'immeuble à appartements où il vivait. Il portait un chandail de l'Impact de Montréal et une casquette de Terre d'Espoir. Dès qu'il le vit, Sam eut le réflexe de regarder ses bras. Par chance, Tommy n'avait aucune ecchymose.

— Comme ça, tu vis le parfait bonheur ? Explique-moi…

— Sam, tout a changé ici. Et je suis sûr que c'est grâce à toi.

— Euh…

— Un soir, ils sont venus…

— Ils ?

— Un homme et une femme. Ils sont venus dans l'appartement. Laurent était avec eux. Il n'a pas dit un mot. Ils lui ont donné une valise, puis ils lui ont dit qu'il avait deux minutes pour ramasser ses affaires. Il les craignait, c'est sûr. Il a dû faire ses bagages en une minute. Ensuite, il est parti avec l'homme. La femme est restée avec nous. Elle nous a dit qu'il ne reviendrait plus jamais, que nous pouvions vivre en toute sécurité, que notre vie allait changer pour le mieux. Ma mère travaille moins, elle est plus souvent à la maison. Je suis moins seul. Puis je mange à ma faim. On fait parfois des sorties ensemble. Ma mère me dit qu'elle met de l'argent de côté. Elle aimerait que nous allions vivre ailleurs. Ma vie a commencé à changer le jour où je t'ai rencontré, Sam. Tu es un maître. Tu es Maître Sam. Je t'aime.

— Tommy, je suis heureux t'entendre tout ce que tu me dis. Ta vie semble prendre un tournant positif. Mais je ne veux pas te décevoir. Je ne suis pas l'auteur de ces changements. J'aimerais l'être.

Mais je dois être honnête avec toi, je ne le suis pas.

— Tu te trompes. Avant de partir, la dame m'a chuchoté à l'oreille que Maître Sam veillait sur moi.

Samuel fut totalement abasourdi. Il ne comprenait plus rien. Comment était-ce possible ? C'était invraisemblable. Comment ces gens pouvaient-ils connaître l'existence de Maître Sam ? Sam s'appuya contre la rampe de l'escalier, chamboulé. Se pouvait-il qu'il ait une influence plus grande qu'il ne le croyait ?

— Sam, tu es plus fort que tu le crois. Tu m'as dit que tu changerais le monde. Moi, je sais que tu le changeras. Tu es l'homme le plus fort que je connaisse.

— C'est ce qu'on verra quand on sera dans le Monstre aujourd'hui…

Après avoir ri un bon coup, le garçon et l'adolescent marchèrent vers la station de métro. Ce jour-là, chaque fois qu'il vit le petit Tommy rire aux éclats, Sam ne put s'empêcher de penser aux révélations qu'il avait entendues un peu plus tôt. Se pouvait-il que son pouvoir aille au-delà de ce qu'il croyait ? Il passa une agréable journée avec son jeune ami. Lorsqu'il se retrouva dans le Monstre, pour vaincre sa peur, Sam hurla de toutes ses forces. Tommy, rieur, lui fit la remarque suivante :

— Finalement, tu es peut-être moins puissant que je le croyais…

Même si la campagne électorale n'était pas encore officiellement commencée, les candidats potentiels étaient déjà au travail, influencés par William Chabot. Les équipes prenaient forme tranquillement. Beaucoup d'élèves de l'Acad' s'étonnaient de voir que Samuel cherchait à s'effacer. Plusieurs d'entre eux avaient essayé de le convaincre de présenter sa candidature, même le Doc, qui s'impliquait dans l'organisation des élections. Sam avait été tellement déçu par le passé. Trop de bons projets avaient été finalement rejetés par la direction de l'école. Les autres élèves voyaient bien qu'il avait changé. On ne le voyait plus autant avec Hilel et Jo. Il ne sortait plus avec Audrey. Quand il n'était pas à la bibliothèque en train de faire ses devoirs ou de lire, il était avec Max Latreille. Dans les cours, quand il s'agissait de travailler en équipe, Sam n'était jamais en reste. Jamais il n'avait été aussi courtisé. Même si les filles étaient jolies et gentilles avec lui, il ne tombait pas sous leur charme. Son cœur appartenait à Audrey.

Les cours avec le Doc étaient aussi passionnants que ceux de l'année précédente, le prof de français enseignant en quatrième et en cinquième secondaire. Mais le cours le plus inspirant cette année était celui que donnait Frédéric Roberge. Le leader des Thunders de la Rive-Nord était si emballé par la matière qu'il devait enseigner aux élèves de l'Acad' qu'il n'avait plus le temps de raconter ses anecdotes de rocker. Une nouvelle flamme l'habitait. L'homme s'était donné de nombreux objectifs, dont celui d'ébranler la conscience de ses élèves. « Ces jeunes-là sont bien gentils, bien polis, mais ils ont tous été élevés dans la ouate. Il est temps qu'ils sachent ce que leurs prédécesseurs ont dû endurer pour qu'ils puissent bénéficier de ce qu'ils ont aujourd'hui. Ils doivent surtout comprendre que rien n'est acquis. Notre monde peut s'écrouler à tout moment. »

Les murs de sa classe étaient tapissés de personnages marquants de l'histoire : Fidel Castro, Lénine, Che Guevara, Rosa Luxembourg, Mao Tsé Toung, Karl Marx, Hitler, Staline, Churchill, John F. Kennedy, Trotski, Gandhi. Tous avaient joué un rôle important à leur époque. Certains, comme Hitler et Staline, avaient commis des actes atroces, plongeant le monde entier dans une guerre meurtrière. D'autres, comme John F. Kennedy et Che

Guevara, avaient connu des fins tragiques, laissant des millions de personnes dans le deuil. Tous avaient une histoire. Et Frédéric Roberge voulait la faire connaître à ses élèves. « Tous ces hommes et ces femmes que vous voyez sur les murs de cette classe ont changé le monde à leur façon. Certains d'entre eux ont été des êtres machiavéliques. Aveuglés par leurs idéaux, ils ont commis des gestes horribles. D'autres ont su inspirer des populations entières, leur donnant de l'espoir et du courage, alors qu'elles étaient au bord du gouffre. »

Samuel se sentait interpeller par les paroles de son prof. Chaque fois que Roberge évoquait le passé avec une telle passion, l'adolescent sentait jaillir en lui une frénésie difficilement contrôlable. Roberge, qu'il avait toujours vu comme le prof excentrique de l'Acad', était un homme aussi brillant que le Doc. D'ailleurs, les deux hommes passaient plus de temps ensemble, discutant de l'actualité et des liens qu'il fallait faire avec le passé.

— Frédéric, ton cours est génial. Et j'aime la façon dont tu l'abordes. Je suis sûr que les élèves te suivront, surtout Samuel Laliberté. Comment se comporte-t-il jusqu'à maintenant ?

— Plutôt tranquille, je dois t'avouer. Mais je pense qu'il est en période d'observation. L'année dernière, il était comme ça. Pour le moment, ils sont encore en vacances. On jurerait qu'ils ne saisissent pas que nous sommes à l'école. Mais je suis confiant. J'arriverai à les sortir de leur torpeur. Samuel ne pourra pas rester silencieux très longtemps. Les sujets que je compte aborder toucheront sa sensibilité.

Roberge n'était pas dans le champ. Samuel sortit de son mutisme le jour où le professeur d'histoire se mit à parler de ceux et celles qui tirent les ficelles de notre société.

— Ce sont les Maîtres. C'est ainsi que les appelle un auteur que j'aime bien, Normand Baillargeon. Il enseigne à l'UQÀM, il écrit dans le *Voir*. Il a publié quelques livres, dont *Le petit cours d'autodéfense intellectuelle*. Un essai que vous devriez tous lire.

— Un autre anarchiste, un autre vert, un autre socialiste, un autre environnementaliste, lança William Chabot, furieux. Les intellectuels comme votre auteur, que j'ai vu l'année dernière à *Tout le monde en parle*, ne font que critiquer la société. Ont-ils déjà créé un seul emploi dans leur vie ? Ont-ils déjà amené une croissance économique au pays ? Jamais. Les Maîtres, les Maîtres… Mais oui, une chance qu'ils sont là, les Maîtres, parce que sinon nous ne serions rien.

La charge de William provoqua dans la classe un tollé de protestations. Certains l'appuyaient ; d'autres condamnaient ses propos. Frédéric

Roberge essayait de rester de glace, mais il jubilait à l'intérieur. Enfin, ses élèves s'étaient réveillés ! Du coin de l'œil, le prof regardait Samuel. L'idéaliste, le seul de ses élèves qui avait probablement lu Normand Baillargeon, n'était pas encore intervenu. Quand il leva la main pour exposer son point de vue, Roberge s'empressa de lui donner la parole. Parce que c'était Sam, tout le monde se tut. Son opinion comptait. Les autres élèves voulaient la connaître, même William.

— Je suis d'accord avec William…

Tous écarquillèrent les yeux, même Roberge. Sam était d'accord avec William ! Qu'arrivait-il à Samuel Laliberté ? Avait-il perdu la raison ? Son séjour à l'hôpital l'avait-il transformé à ce point ?

— Je suis d'accord avec William. Les Maîtres sont bien là. Bien en place. Et ils se doivent d'être présents. Mais je ne crois pas qu'ils sont si loin de nous, comme le dit Normand Baillargeon. Les Maîtres sont ici, tout près. Ils sont parmi nous. Ce sont les nouveaux Maîtres. Et j'en fais partie. Notre monde est menacé. Notre sécurité à tous est en péril. Les nouveaux Maîtres s'assureront de préserver et d'améliorer ce que nous possédons.

Samuel se tut et la cloche annonçant la fin du cours résonna. Normalement, tout le monde se ruait vers la porte. Là, les élèves restèrent assis et réfléchirent. Samuel venait de prendre une décision. Il n'abandonnerait pas ses rêves. N'abandonnerait pas ceux et celles qui avaient besoin de lui. Maître Sam l'habitait. Jamais il ne pourrait s'en défaire.

À suivre…

Pour tout savoir sur les nouveautés des Intouchables, suis-nous sur notre page Facebook.

Achevé d'imprimer
sur les presses de
Imprimerie H.L.N.
Imprimé au Canada - Printed in Canada